씨 앗 에 서 삶 으 로 **씨앗
철학**

# 씨앗 철학

ⓒ 변현단 2020

| | | | |
|---|---|---|---|
| 초판 1쇄 | 2020년 3월 13일 | | |
| 지은이 | 변현단 | | |
| 출판책임 | 박성규 | 펴낸이 | 이정원 |
| 편집주간 | 선우미정 | 펴낸곳 | 도서출판 들녘 |
| 디자인진행 | 한채린 | 등록일자 | 1987년 12월 12일 |
| 편집 | 박세중·이수연 | 등록번호 | 10-156 |
| 디자인 | 김정호 | 주소 | 경기도 파주시 회동길 198 |
| 마케팅 | 정용범 | 전화 | 031-955-7374 (대표) |
| 경영지원 | 김은주·장경선 | | 031-955-7381 (편집) |
| 제작관리 | 구법모 | 팩스 | 031-955-7393 |
| 물류관리 | 엄철용 | 이메일 | dulnyouk@dulnyouk.co.kr |
| | | 홈페이지 | www.dulnyouk.co.kr |

| ISBN | 979-11-5925-510-6 (03100) | CIP | 2020008185 |
|---|---|---|---|

이 도서의 국립중앙도서관 출판예정도서목록(CIP)은
서지정보유통지원시스템 홈페이지(http://seoji.nl.go.kr)와
국가자료공동목록시스템(http://www.nl.go.kr/kolisnet)에서 이용하실 수 있습니다.

씨앗에서 삶으로

# 씨앗철학

변현단 지음

들녘

# 삶과 우주는 온통
# '씨앗'으로 이루어졌다

"흑사병균은 어디에서건 잠자고 있다가 언젠가 다시 쥐들을 잠
에서 깨워 행복한 도시를 죽음으로 안내할 날이 언젠가 다시 오
리라는 사실을 알고 있다."

소설 「페스트」의 마지막 구절이다. 코로나19 바이러스는 한
반도를 강타하여 일과 소비에 집착해 '쉼'이 부족했던 우리
에게 '강요된 휴식'을 취하게 했다. 페스트가 휩쓸었던 시기
보다 과학문명이 발달했는데, 매년 바이러스들이 창궐하
고, 면역력이 좋을 것 같은(?) 젊은이들도 감염되는 이유는
무엇일까? 질문의 답변은 '씨앗철학'에서 찾을 수 있다. 오

늘은 사재기로 인해 마트에 식료품이 동났다는 기사를 읽는다. 코로나19 사태를 비롯한 수많은 사회경제자연 현상은 자립적인 생태순환사회로 우리의 등을 떠밀고 있으며, 과학문명 축에서는 생명공학과 자동화, 인공지능사회로 몰아갈 것이다. 서로 떠밀고 떠밀면서 균형을 잡으려는 지구상에 인간사회의 대명제는 '생명의 지속성'이며, 자연의 이치는 지속적일 것이라는 점이다.

농부가 씨앗을 잃어버린 순간, 우리는 순환적인 사유체계와 자립적 생활, 지금까지 가져온 가치를 송두리째 버렸다. 나에게 (토종)씨앗운동은 잃어버린 가치를 회복하는 삶의 변혁운동이며, 토종씨앗으로 생태순환농사를 짓는 나에게 있어 씨앗은 "씨앗의 눈으로 보고, 씨앗의 소리를 듣고, 씨앗의 향을 맡고, 씨앗의 말을 하고, 씨앗의 이름으로, 씨앗의 삶"을 살아가는 데 기반이 되는 '철학'을 주었다. '씨앗철학'은 생명철학, 생태철학, 농사철학, 몸철학, 삶의 실천철학이며 세계관이자 우주관이다. 우리들 각자가 생활과 사유방식으로 이를 실천할 때, 비로소 잃어버린 씨앗을 되찾을 수 있을 것이다. 그래서 '씨앗철학'은 '씨앗'으로서 '개인'의 소중함을 깨닫고, '내가 변해야 세상이 변하'는 실천 과제에 도달한다. 아무리 사회가 강제한 결과라도 우리 스스로 저버리고 잃어버린 것이기에 누군가로부터 억압해서 빼앗는 것이 아니라, 스스로 찾아내고 지키는 것이다. 씨앗은 하늘과 땅의 기운을 받아 '내적인 힘'으로 살아가기 때문이다. 우리는 씨앗이다.

이 책은 초등학교 자연과목 수준으로 농사와 씨앗을 몰라도 쉽게 이해할 수 있게 집필했다. 좀 더 세세한 설명이 필요한 부분도 있겠지만, 몇 마디의 말을 통해 충분히 알 수 있기에 때로는 불친절하게 간결하게 끝을 맺는 부분도 있다. 이 책을 통해 씨앗이 '경작용 씨앗'을 넘어 생명과 우주, 인간과 자연, 몸과 정신의 모든 것들이 '씨앗'임을 알게 된다. 따라서 교육에 있어서도 분절적이고 단편적, 일방향의 교육방식을 넘어 '씨앗철학'의 개념을 적용한다면 유기적이고 통합적인 무한한 상상력을 제공하는 단초를 찾을 수 있을 것이다. 상상해보시라. '씨앗' 하나로 분절된 학문과 교과목을 통합할 수 있다는 것을. 씨앗 한 알에서 발견하는 우주는 무엇일까?

미력하지만 『씨앗철학』이 삶의 가치와 방향을 고민하는 이들에게 '씨앗'이 되길 바라고, 새로운 씨앗운동의 분기점이 되기를 기원한다. 끝으로 나의 소명을 이끌어주는 세상의 무수한 씨앗들에게 늘 감사한다.

몸과 마음을 깨워 하늘의 뜻을 알아차리면 하늘은 스스로 돕는 자를 돕는다. 부모님의 몸과 마음을 빌어 세상으로 나온 씨앗 '나'를 소중하게 여기고, '너'를 귀하게 여기며, 세상을 살아가는 것. 더 많은 씨앗들이 번성케 하는 것이 세상에 온 우리 삶이려니. 몸으로 시작하고, 몸으로 터득하고, 몸으로 깨닫는, 우리는, 마침내 '내'가 우주임을, '내'가 블랙홀임을, '내'가 神임을 '내'가 시간이며 공간임을, 마침내 '나'로부터 자유로움을 얻을 수 있으리니.

2020년 2월 24일 봄이 깨어나고 있는

곡성 은은가(隱誾家)에서

## 2장 자라기 씨앗에서 생명으로

## 3장 맺기  씨앗으로 세상 읽기

# 씨앗의 마음

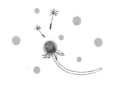

# 씨앗으로 씨앗 되기

우리는 매일 씨앗을 먹고삽니다. 우리 한국인들은 하루 한 끼 이상 밥을 먹습니다. 오늘 저녁 밥상에 올라왔던 밥 한 공기에는 과연 몇 알의 씨앗이 담겨 있었을까요? 아니, 몇 톨의 쌀알이 들어 있었을까요? 혹시 세어본 적 있으신 가요?

우리가 먹는 한 공기의 밥은 실은 한 톨의 씨앗으로 만들어진 것입니다. 한 톨의 씨앗이 자라서 또 다시 씨앗을 맺은 덕분이지요. 그리고 이렇게 우리 입으로 들어간 씨앗들은 다시 자연으로 나가 세상의 모든 씨앗을 만듭니다. 이 사실을 인지한다면 밥그릇에 담긴 쌀 한 톨도 소홀히 할 수 없습니다.

우리는 씨앗 덕분에 우리의 생명을 유지합니다. 씨앗은 수많은 생명체가 살아갈 수 있는 자연 환경의 기반을 만들어줍니다. 씨앗은 또한 지구상에 존재하는 만물이기도 합니다. 그러므로 씨앗의 주인은 자연입니다.

씨앗은 공유하는 것입니다. 씨앗은 어느 한 사람이나 어떤 한 기업에서 소유권을 주장할 수 없는 것입니다. 세상의 모든 씨앗은 자연의 것입니다. 씨앗을 가장 많이, 그리고 자주 다루는 사람은 농부입니다. 하지만 그들 역시 씨앗의 주인은 아닙니다. 그저 씨앗을 이용하고 활용할 뿐입니다.

씨앗을 먹고살아가는 우리 역시 만물의 생명을 지키는 씨앗입니다. 씨앗을 독점하고 소유하려는 자들로부터 우리는 만물을 지키는 씨앗이 되어야 합니다.

씨앗은 철학입니다. 씨앗 받는 농사를 통해 우리는 만물의 이치를 깨닫게 됩니다. 씨앗은 스스로 가치를 가지며 스스로를 지켜내는 독특하고 귀한 존재입니다. 그리고 그 자체로 운동하는 온전한 순환의 증거입니다.

씨앗철학은 씨앗을 통해 세상을 바라보는 세계관이며

삶을 추동하는 하나의 운동입니다. 한 알의 씨앗은 자연이
자 역사이며, 생명의 과학이자 삶이며, 문화이인 동시에 우
주입니다.

# 밥 한 그릇에 담긴 씨앗은
# 몇 알일까?

벼 한 이삭당 몇 개의 낟알이 달릴까요? 대개 60개에서 300개의 낟알이 맺힙니다. 그러면 볍씨 한 알을 심으면 몇 개의 이삭이 달리고 볍씨 몇 알이 달릴까요?

옥수수 하나에 몇 개의 낟알이 있을까요? 대략 250개에서 500개 낟알이 있습니다. 옥수수 한 줄기에 옥수수 두 자루는 달리니 옥수수 씨앗 한 알을 심으면 몇 개의 씨앗이 달리는 걸까요? 콩 한 알을 심으면 몇 개의 콩알이 달릴까요? 많으면 450개까지 달립니다.

토마토 씨앗 한 알을 심으면 몇 개의 토마토가 달릴까요? 감자 한 알을 심으면 몇 개의 감자가 달릴까요? 고구마

하나로 몇 개의 고구마를 만들 수 있을까요? 겨자씨 하나에 몇 개의 씨앗이 달릴까요? 밀알 하나에 몇 개의 밀알이 달릴까요?

씨앗 하나가 수백, 수천 개의 생명을 만들고, 다시 그 씨앗을 받아 심으면 수천, 수만 수억만 개의 생명이 피어납니다. 우리는 과연 그 끝을 짐작할 수 있을까요? 끝까지 셀 수 있을까요?

# 우리는 매일
# 씨앗을 먹고 산다

오늘의 밥상을 한번 둘러보겠습니다. 밥 한 그릇과 된장국, 그리고 서너 가지 반찬이 있습니다. 잘 익은 배추김치와 알맞게 쪄서 새콤하게 무쳐낸 가지나물, 끓는 물에 살짝 담갔다 꺼내 양념장을 얹은 손두부입니다. 보기만 해도 건강해지는 것 같습니다.

김치를 미분(微分)해볼까요?

김치는 배추와 무, 생강, 마늘, 고추, 파, 갓 등을 써서 만듭니다. 하지만 여기서 끝이 아닙니다.

배추 씨앗 하나에서 배추 한 포기

무 씨앗 하나로 무 한 개

씨 생강 하나에서 생강 몇 무더기

마늘 씨앗 하나로 여섯 쪽에서 십 수 쪽의 마늘

고추 씨앗 하나에서 수십 개의 고추

밀알 하나로 밀가루 한 주먹

쌀 한 톨에서 밥 한 공기….

이제 보니 우리 밥상에 오른 모든 것이 씨앗 하나에서 출발했습니다. 우리는 매일 씨앗을 먹으며 살아갑니다.

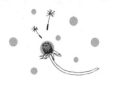

# 씨앗은
# 가장 오래된 미래다

여기 배추 한 포기가 있습니다. 배추 한 포기에서 씨앗을 받아 심으면 이듬해 몇 포기의 배추가 나올까요? 놀라지 마세요, 수백 수천 포기의 배추가 나옵니다. 온 가족이 먹고도 남을 배추를 재배할 수 있습니다. 매년 배추 한 포기로 꽃을 피워 씨앗을 받으면 김장 걱정도 없습니다.

고추는 어떨까요? 고추 하나로 이듬해 먹을 고추 60그루를 만들 수 있습니다. 고추 60그루면 고추장에 찍어 먹는 풋고추부터 즐기기 시작해서 김치용으로 쓸 새빨간 고춧가루까지 만들 수 있습니다.

가지도 뒤질 리 없습니다. 가지 한 개를 먹지 않고 씨앗을 받으면 이듬해 수십 가족 이상이 먹을 수 있는 가지가 생산됩니다.

살아 있는 생명체 가운데 바로 다음 세대에 이토록 많은 결실을 맺는 개체는 없습니다. 오직 씨앗 기반의 생명체가 유일합니다.

구약 성경에는 인간에 진노한 하느님이 대홍수를 일으키는 장면이 나옵니다.

"세상은 이제 막판에 이르렀다. 땅 위는 그야말로 무법천지가 되었다. 그래서 나는 저것들을 땅에서 다 쓸어버리기로 하였다. 너는 전나무로 배 한 척을 만들어라. 배 안에 방을 여러 칸 만들고 안과 밖을 역청으로 칠하여라. (...) 그리고 목숨이 있는 온갖 동물도 암컷과 수컷으로 한 쌍씩 배에 데리고 들어가 너와 함께 살아남도록 하여라. 온갖 새와 온갖 집짐승과 땅 위를 기어 다니는 온갖 길짐승이 두 마리씩 너한테로 올 터이니 그것들을 살려주어라. 그리고 너는 먹을 수 있는 온갖 양식을 가져다가 너와 함께 있는 사람과 동물들이 먹도록 저장해두어라."

_창세기6장 13-21

노아는 하느님의 명령대로 배 한 척을 만들고, 모든 생명체의 암수를 실어 목숨을 보존하는 역할을 충실하게 해냅니다. 그런데 식물은요? 노아의 홍수 장면 어디에도 식물의 이야기는 나오지 않습니다. 힌트는 바로 이 문장에 있습니다. "너는 먹을 수 있는 온갖 양식을 가져다가 너와 함께 있는 사람과 동물들이 먹도록 저장해두어라."

노아는 분명 비 그친 후 땅에 뿌릴 곡식의 씨앗을 소중히 들고 배에 올랐을 것입니다. 식물 씨앗은 동물과 인간의 생명체보다 더 근본적인 생명이니까요.

# 씨앗은
# 생명줄이다

1910년 일제강점기가 시작되었습니다. 일본의 침탈과 억압을 피해 많은 사람이 만주로 넘어갔습니다. 이때 그들은 무엇을 챙겼을까요? 전답(田畓)문서일까요, 금붙이일까요? 둘 다 아닙니다. 가장 먼저 씨앗을 챙겼습니다.

농경 자급사회의 구성원에겐 늘 씨앗이 먼저입니다. 그들은 고향을 떠날 때에 씨앗을 가져갔습니다. 목숨처럼 애지중지했어요. "죽어도 씨앗을 베고 죽는다"는 말이 괜히 나온 게 아닙니다. 씨앗은 대를 이어 후손까지 책임져주는 생명줄이기 때문입니다.

이제 사람들은 재난이 일어나면 금덩이나 돈을 챙깁니

다. 영화 〈기생충〉에서는 집이 물에 잠기자 기우(송강호의 아들 역)가 '돌'을 들고 나갑니다. 그에게는 돌이 '가장 중요한 무엇'이었으니까요. 이처럼 사람들은 누구나 위급한 상황이 벌어졌을 때 '자신에게 가장 중요하다고 생각하는 것'을 우선 챙깁니다. 여러분은 무엇 먼저 챙기시렵니까?

현대를 살아가는 농부들은 무엇을 먼저 가져갈까요? 현대의 농부들도 재난이 닥치면 돈이 아니라 씨앗 먼저 챙길까요? 아닐 겁니다. 돈이 되는 것을 가져갈 겁니다. 돈이 있으면 씨앗도 식량도 얼마든지 살 수 있다고 생각하니까요. 도시든 농촌이든 현대 사회에서는 돈이 최고인가 봅니다.

# 씨앗 독립운동

씨앗 받는 농사는 생소합니다. 농사를 지으면서 '씨앗을 받아야지' 하고 생각하는 사람은 거의 없습니다. 저도 귀농한 직후에는 씨앗 받아 농사지을 생각을 하지 못했습니다. 당시에는 다른 농부들과 비슷했지요. 이후 토종씨앗 보전 운동을 수십 년 하니 많은 분들이 "독립운동을 하고 있군요. 정말 '훌륭'하고 '의미 있는' 일입니다"라는 덕담을 아끼지 않으십니다. 본인은 씨앗 받는 농사를 못 지어도 여전히 씨앗이 중요하다고 생각하는 모양입니다.

　여러분께서는 정말로 씨앗이 중요하다고 생각하세요? 그렇다면 왜 중요할까요?

문제는 우리 대부분이, 제가 자주 만나는 분들처럼 정직하고 진실한 농부들조차도, 우리의 일상에서 씨앗이 얼마나 중요한지를 모른다는 점입니다. 씨앗을 별로 심각하게 생각하지 않습니다. 씨앗은 그저 씨앗일 뿐, 씨앗이 우리 삶 전체에 미치는 영향력을 간과합니다. 씨앗과 우리 삶이 켜켜이 그물처럼 연결되어 있다는 생각을 미처 하지 못하는 것 같습니다.

저는 씨앗을 어떻게 만났을까요? 2000년대 초반 연두 공동체 시절이었습니다. 그 당시 저는 자의 반 타의 반 도시 변두리로 밀려난 분들과 함께 자립적인 생활을 도모하기 위해 농사를 시작했습니다.

어느 날 농업기술센터의 직원 한 분이 찾아왔습니다. 소문이 좀 났던 모양이에요. 농사도 제대로 지을 줄 모르는 가난한 사람들이 도시 언저리에서 농사로 먹고살겠다고 애쓰는 모습에 감동을 받았다면서요.

그분이 제게 준 것이 바로 '생산량 좋은 옥수수 씨앗' 한 봉지였습니다. 분홍색 옥수수 씨앗이었는데 손으로 만지니 분홍색 가루가 묻어 나왔습니다. 그 전에는 강원도 옥수수를 얻어 심었습니다. 당시엔 씨앗으로 쓰려고 몇 자루를 처마에 매달아놓은 터였는데, 이 방법은 어린 시절에 보았던 것을 그대로 따라 한 것입니다. 상추 씨앗 배추 씨앗은 사서 쓰면서도 옥수수 씨앗을 사서 심는다는 생각은 미처 하지 못했는데, 이게 웬일입니까? 분홍색 옥수수 씨앗을 심었더니 자루가 아주 큰 옥수수가 열린 거예요. 기분이 아주 좋았습니다. 여느 때처럼 이듬해 씨앗으로 심으려고 옥수수를 몇 자루 남겼습니다.

그런데 난리가 났습니다. 옥수수가 달리면서 자루가 뒤틀어지고 곰팡이가 나거나 이빨이 빠지면서 엉망진창이 된 것입니다. 한마디로 옥수수 농사를 망쳤습니다. 처음에는 날씨 때문에 그런 줄 알았습니다. 하지만 얼마 지나지 않아 왜 그런 일이 벌어졌는지 알게 되었습니다.

최고의 품질을 위해 잡종 강세로 만들었기 때문에 씨앗을 받아서 심으면 퇴화되어 고정된 형질을 받기 어렵다는 것을. 그래서 매년 F1종자를 사서 심어야 하다는 것을.

# 씨앗의 다양성
## 같아도 같지 않은

세상은 '나'만 혼자 잘 살 수 있는 곳이 아닙니다. 모든 것은 서로 연결되어 있으니까요. 대개 '나만 잘 살면 되지'라고 말하지만 단 몇 초만 생각해보아도 그런 삶은 불가능하다는 것을 수긍합니다.

공기도 햇볕도 물도 돌고 돕니다. 생명은 꼬리에 꼬리를 물고 서로 그물처럼 연결됩니다. 생명과 세상과 자연은 이렇게도 유기적입니다. 지구상에 존재하는 모든 생명은, 유기체로 보이지 않는 아주 작은 점 하나부터 거대한 전체인 자연에 이르기까지 하나같이 생로병사의 조건으로 얽혀 있습니다. 세포 하나가 죽으면 다른 세포가 태어나고, 한 사람이 죽으면 다른 사람이 태어납니다. 우리의 삶도 자연도 반복되는 삶과 죽음의 순환 속에 놓여 서로가 서로를 연결하고 있습니다.

그러나 이 모습들은 천차만별입니다. 같지만 다르지요. 배추를 예로 들어볼까요? 조선배추, 뿌리배추, 결구배추, 똘배추 등등 이름도 모양도 맛도 다릅니다. 똘배추 하나도 이 집에 가면 이 맛, 저 집에서 키우는 건 저 맛입니다. 조건에 따라 제각각 자라 맛도 모양도 조금씩 다릅니다. 자연이 딱 그렇습니다. '같되 같지 않은' 존재들이 모여 거대한 전체를 이룹니다.

열대지방에 여행을 갔다가 말라리아에 감염된 여행객이 있습니다. 그런데 열대지방에 사는 사람들은 말라리아에 감염되지 않아요. 외지에서 온 사람들만 감염됩니다. 이 같은 선택적 감염이 보여주는 것이 바로 적응의 문제입니다.

생명은 생존하기 위해 적응합니다. 자신이 뿌리 내린 기후와 토양에 적응하기 위해 애씁니다. 적응하지 못하면 죽고, 개체도 사라지게 되니까요. 따라서 생명의 본성은 곧 적응성이라 할 수 있겠지요. 씨앗도 마찬가지예요. 살아남으려고 토양과 기후에 적응합니다. 생존을 위해 고군분투하다가 조건이 맞으면 발아합니다. 환경에 자신을 맞춰가면서 태어나고 자라며 뿌리 내린 '바로 그곳'에 최적화됩니다.

식물의 씨앗들은 또한 발 달린 동물 덕분에 못 가는 곳이 없습니다. 어미가 한강변에 살았다고 해서 자손들이 모두 한강변에서만 사는 건 아니에요. 동물을 통해 사람을 통해 어디든 이동합니다. 바람 따라 지구를 한 바퀴 돌기도 합니다. 그러면서 정착한 곳의 형편에 맞게 개체 적응력을 발산하지요. 씨앗은 환경 적응력이 뛰어납니다. 적응하는 힘이 탄력적인 생명일수록 오랜 시간 널리 퍼진다는 것을 감안하면 식물의 씨앗이야말로 그 능력이 왕 중 왕일 것입니다.

사람도 그렇듯 씨앗들도 적응지에 따라서 제각각의 모양으로 피어납니다. 열대지방의 가지는 계란형이고, 온대지방으로 건너온 쇠뿔가지는 길고 끝이 뾰족합니다. 온대기후가 열대로 변하면 가지 모양이 둥글게 변하기도 합니다.

땅은 움직이지 않습니다. 하지만 땅에서 자라는 식물

은 변화에 따라 움직입니다. 그러다가 원래 태어났던 기후가 도래하면 원래의 모습으로 돌아갑니다. 씨앗은 생존하기 위해 어떻게든 현재 살고 있는 곳에 적응하고, 이렇게 적응하며 조금씩 달라진 유전자를 다음 세대에 전달하는 방식으로 살아남습니다. 지구 곳곳에서 '같은 종 다른 모습'을 볼 수 있는 이유지요. 그들은 같되 같지 않습니다.

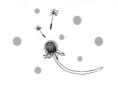

# 부분은 전체다

'부분'은 부분이기도 하지만 '전체'이기도 합니다. 유기체인 생명의 경우, '부분'은 결코 '부분'으로 끝나지 않습니다. 무슨 뜻일까요?

학창시절에 선생님이 학생의 귀를 잡아당기는 일이 종종 있었습니다. 왜 하필이면 귀를 잡아당겼을까? 지금 생각해보니 귓불을 잡아당기면 정신이 화들짝 들어서 그런 것 같습니다. 귓불은 머리에 해당하니 그게 바로 정신을 깨우는 벌이었던 것이죠.

『심청전』에서 심청은 아버지 심 봉사의 눈을 뜨게 하려고 인당수에 빠져 죽습니다. 인당은 이마에 있는 혈 자리로 침침한 눈을 번쩍 뜨이게 하는 곳입니다. 이렇듯 신체의 일부분은 전체를 담기도 하며, 다른 부분에 영향을 끼칩니다.

몇 가지만 얘기하자면 사람의 귀와 손바닥, 발바닥은 온몸의 구조를 반영하는 기관입니다. 귀는 신체 위치와 같아 아래 귓불은 얼굴, 귀 가운데 연골은 소화기관에 해당하며, 귀 위쪽은 생식기와 하지에 해당됩니다. 손은 가운데 손가락을 중심으로 손가락 상단은 머리, 손바닥 가운데는 위소장, 손목 부위는 생식기 부위를 가리킵니다. 발바닥도 엄지발가락이 머리부터 발꿈치에 이르기까지 신체 부위를 각각 나타내며, 다리도 종아리는 심장을, 관절 뒤쪽은 위장, 허벅지는 신장을 나타냅니다. 위통이 있을 때 귀나 손, 발, 다리, 얼굴에 해당하는 부위를 치료할 수 있어 신체의 한 부분이 온전한 신체 하나를 담고 있습니다.

분명 신체의 한 부분인데 온몸을 보여준다니 경이롭지 않습니까? '부분+부분=총합'이 아니라 '부분=총합'임을 보여주는 아주 명징한 사례입니다. 이 공식은 또한 생명의 이치이기도 합니다. 흙 한 자밤(나물이나 양념 따위를 손가락을 모아서 그 끝으로 집을 만한 분량을 세는 단위)에 생명의 원리가 있고, 잎사귀 하나에도 생명을 관통하는 기능이 들어 있습니다. 그런데도 우리는 항상 "부분이 모여야 총합이 이루어진다"고 배웁니다. '부분이 모여서 합을 이룬다.' 이 말은 맞기도 하고 틀리기도 합니다. 부분을 바라보는 시각에 따라 세계관이 바뀌는 탓입니다.

한국의 전통 사회에서는 부모가 물려준 머리카락 하나도 소홀히 대하지 않았던 것에 반해, 현대 문명은 부분을 부분으로만 인식해 소홀히 여기는 일이 많습니다. 비근한 예로 현대 의학에서는 없애거나 인공적인 것으로 대체하는 것을 쉽게 생각합니다. 열 감지선인 편도선을 쉽게 없애거나 퇴행성 관절이라고 해서 인공 관절을 넣는 수술이 비일비재합니다. 이런 수술을 하고 난 뒤에는 전체 순환 기능이 망가져 순환 장애를 일으키기도 합니다.

농사에 있어서도 마찬가지입니다. 씨앗과 토양, 곤충, 풀 등 다양한 생태 환경은 서로 유기적으로 얽혀 있습니다. 씨앗은 흙의 적당한 온도와 수분에 의해 일정한 기간에 걸쳐 발아되고 토양의 토양 생물과 함께 그 자체로 온전한 생태계를 갖는 내부의 힘에 의존하여 힘껏 자라고 지상의 계절과 어우러져 꽃이 피고 열매를 맺습니다. 씨앗, 토양, 곤충, 풀. 모두 한 개체가 자연을 이루는 부분이자 그 자체로 전체입니다. 이런 것을 무시한 현대 농업으로 인해 순환 장애를 일으켜 극심한 농작물 피해를 자초한 것이겠지요.

사람의 신체 부분은 그 자체로 온전하며 온전한 것들이 모여 소우주를 이룹니다. 소우주와 더불어 수많은 지구 생명체들이 함께 지구라는 태양계의 행성을 이루고, 우주는 또 수많은 은하계로 구성됩니다. 이렇듯 부분은 전체에 속하면서도 그 자체로 온전하며, 더 큰 전체와 연결된 유기체입니다. 이런 생태 순환계를 이해하면 미세한 생명체 하나하나에 관심과 재미가 생기며, 어떤 일이든 우리의 감각으로부터 시작된 생활임을 인지하여 그 자체로 흥미롭게 여깁니다. 하나를 알면서 열을 알게 되고, 한곳에 살면서도 우주 전체를 꿰뚫을 수 있으니까요.

# 머리가 크면
# 균형을 잃는다

머리로 익힌 지식은 오래가지 않습니다. 반면 몸으로 익힌 것은 오래갑니다. 자전거를 탈 줄 아는 사람은 오랫동안 자전거를 타지 않았다고 해도 몇 번만 페달을 구르면 다시 익숙하게 탈 수 있습니다. 수년간 걷지 않았다고 걷는 것을 잊지 않는 것처럼요. 이렇듯 몸으로 배운 것은 몸에 남습니다. 아무리 중증 치매를 앓는다 해도 걷지 못하는 사람은 없습니다. 몸으로 배운 것은 몸에 각인되고 몸을 통해 유전됩니다. 몸이란 실제 에너지의 응집된 실체, 즉 물질이기 때문입니다. 몸이 없으면 정신이 존재할 수 없습니다. 두뇌는 오장육부(五臟六腑)가 있기에 작동됩니다.

인간의 진화를 두뇌의 크기로 표시하는데 사실상 신체의 진화를 말합니다. 환경에 맞게 살아가려는 의지는 몸의 발달을 통해 변형됩니다. 식물도 마찬가지입니다. 정글에서나 음지에서는 광합성을 하려고 큰 나무를 휘감아 오르는 덩굴을 발달시킵니다. 광합성이 충분한 곳에서는 짧은 줄기만으로 충분합니다. 농부에 의해 자라는 밭 작물들은 충분한 빛으로 줄기가 짧습니다. 결국 몸의 진화를 통해 생명을 지속적으로 유지할 수 있습니다.

뿌리가 깊게 내리지 못하고 잎과 열매가 무성하면 외풍에 쓰러지게 마련입니다. 외풍에 쓰러지지 않는 식물은 대개 뿌리가 사방팔방으로 뻗어나가 땅을 부여잡고 있습니다. 이런 식물이 오랜 세월을 견딥니다. 어떤 식물은 덩굴을 뻗어나가며 덩굴에서 뿌리를 내리기도 합니다. 고구마나 덩굴식물이 그 예이죠. 또 어떤 식물은 가지 끝이 뻗어나가 뿌리를 내리면 이듬해에는 전 뿌리가 썩어 죽고, 새 뿌리가 몸통이 됩니다. 이렇게 식물도 뿌리를 내리면서 이동하는데 우리도 균형을 잃지 않으려면 뿌리 내리는 일에 좀 더 신경 써야겠지요.

# 삶과 생명은
# 끊임없는 운동

세상에 존재하는 것 중 정지된 것은 없습니다. 생은 끊임없이 움직입니다. 죽음으로 갈수록 움직임은 적어져요. 죽음은 삶의 입장에서는 운동이 정지되는 것을 의미합니다. 수평적으로는 한 사람의 삶 자체가 운동이고, 수직적으로는 연속적으로 이어진 세대가 운동입니다. 매초 매시간 매년 그리고 매 생애가 모두 운동입니다. 운동은 멈추지 않습니다. 완급과 잠시의 멈춤만 있을 뿐입니다.

끊임없는 운동이란 관점에서 볼 때 삶(생명)이란 곧 물이라고 표현할 수 있습니다. 물도 운동을 멈추면 고입니다. 고이면 썩지요. 생명도 멈추면 부패가 일어납니다. 식물도 마찬가지죠. 식물도 가만히 있는 것 같지만 공기 중의 미세한 바람이나 곤충들에 의해 매순간 끊임없이 운동합니다. 살아가는 것이 운동이니까요.

운동하는 생명은 한 가지 색깔만을 가질 수 없습니다. 자색빛이 짙어져 검정색으로, 검정색은 파란색으로, 알록달록 무늬가 있는 것으로 섞여 나오곤 합니다. 씨앗을 계속 받아보면 알 수 있습니다. '나'라고 믿었던 처음의 색이 아닌 의외의 색깔과 모양이 나옵니다. 이런 현상을 보고 사람들은 흔히 '변이(變異)'라고 말하지만 엄밀히 말해 이것은 돌연변이가 아닙니다. 스펙트럼의 양 끝은 검은색과 흰색인데, 어느 방향으로 움직이는가에 따라서 검정색에 가까운 것 혹은 흰색에 더 가까운 것이 나올 뿐입니다. 그 안에서 다양한 색채가 변주되는 것입니다.

삶이 곧 운동이기에 운동하는 삶은 당대의 가치 기준에 의해 비주류로 남습니다. 비주류도 언젠가는 주류가 되지만 주류는 언젠가 비주류가 됩니다. 그러므로 주류에서 길게 머물겠다고 움켜쥔 손에 힘을 주면 사달이 날 수밖에 없습니다. 흐르지 않고 한곳에 오래 머물면 썩게 마련인 것이 자연의 이치잖아요?

운동하는 사람은 자신 스스로 변화하는 사람들이지 남을 먼저 변화시키려는 사람들이 아닙니다. 자신이 변하지 않는다면 운동하지 않는 삶이고 세상도 변하지 않습니다.

언제나 씨앗이 먼저 움직입니다. 땅이 움직이는 법은 없습니다. 씨앗은 자신의 후세대를 번식시키려고 끊임없이 환경에 적응하면서 살아갑니다. 운동하는 거죠. 따라서 씨앗은 늘 변화를 감행합니다. 땅에 닿는 순간 환경에 적응하려고 최선을 다하는 것은 씨앗입니다.

# '나'의 파장은
# 우주의 끝까지 미친다

씨앗이 땅에 떨어져서 가장 먼저 하는 작업이 무엇일까요? 뿌리를 내리는 작업입니다. 뿌리를 내리지 않고는 버틸 재주가 없습니다. 존재하는 무엇이든 뿌리를 내려야 버틸 수 있습니다. 사람도 다리가 튼튼해야 땅을 딛고 풍파에 견딜 수 있어요. 다리는 허약한데 머리만 너무 크면 세상을 붕붕 떠다니게 됩니다. 뿌리를 내리는 일부터 해야 하는 이유입니다.

그러므로 뿌리 내릴 장소를 구하는 것이 무엇보다 중요합니다. 뿌리 내리는 곳이 바로 앞으로 내가 서 있게 될 자리니까요. 여러분의 자리는 어디입니까?

저는 지금 전라도 곡성 숲속에 지은 은은가(隱闇家)에서 살고 있습니다. 그런데 말이에요, 비록 시골구석에 살고 있지만 제 삶에서 일어나는 파장은 목성(木星)까지 미칠지도 모릅니다. 왜냐하면 나는 운동하는 생명이며, 생명의 씨앗이 어디까지 날아가 확산될지는 아무도 모르기 때문입니다. '나'의 씨앗을 영국까지 묻혀 갈 수도 있고, '나'라는 씨앗이 동물이나 누군가의 움직임에 따라 저 멀리 날아갈 수도 있습니다. 나의 몸은 은은가에 있지만 '나'라는 씨앗은 수만 년 수억만 년의 유전자가 응집된 특이하고 귀한 생명체로서 우주 어딘가의 또 다른 씨앗과 교류하고 있는지도 모릅니다. 정말 놀랍죠?

나의 의지대로 가든 본인의 의지와 무관하게 얹혀가든, 우리는 모두 현재 머무는 곳에 뿌리를 내립니다. 다만 뿌리는 여기에 있되 씨앗은 어디든지 옮겨가고 그 씨앗이 또 새로운 뿌리를 내리는 것이지요.

지구상에는 '나'라는 수많은 씨앗이 존재합니다. 뿌리는 여기에 있되 사방에 있으며, 씨앗은 단일한 존재이되 무한대의 운동으로 자연의 질서 속에 있습니다. 씨앗운동은

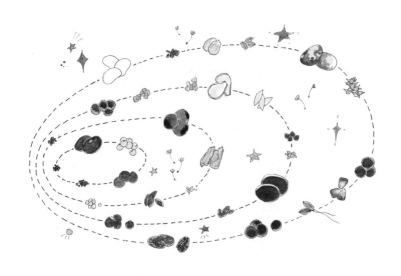

자연에서 '나'라는 개별자가 살아가게 해주는 독특한 운동이자 세상에 수많은 '나'를 존재하게 해주는 보편운동이기도 합니다.

나의 삶이지만, 내 삶이 우주 끝까지 파장을 미치니, 온전히 내 것이라고만 말할 수 없으며, 더구나 내 삶을 아무렇게나 살아갈 수 없는 것이겠지요.

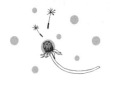

# 씨앗의 지속성과 탄력성

생명의 본능과 목표는 삶입니다. 그러나 생명의 끝은 죽음입니다. 태어나면 반드시 죽습니다. 죽지 않으면 생명이 아니지요. 생명의 세대 간 연결고리는 씨앗입니다.

종족 보존을 위해 더 많은 양을 퍼트리고 그중의 일부가 살아남습니다. 어떤 한 개체의 씨앗 양이 많은 것은 지구상에 많아야 할 필요성이 있는 것들이거나 살아남는 양이 적기 때문에 더 많이 퍼트리게 되는 경우입니다.

씨앗은 특성상 적응도를 최대한 높여 지속적으로 개체를 유지합니다. 그런데 씨앗이 지속성을 유지하려면 우선 탄력성을 충족해야 합니다. 어떤 개체의 특성이 탄력적이라는 것은 곧 적응 능력이 뛰어남을 반증하는 것이니까요.

씨앗의 발아와 성장에는 바람과 매체라는 필요조건이 있습니다. 씨앗은 바람에 따라 여기저기로 또 동물이나 사람에게 붙어 여기저기로 퍼집니다. 지구를 한 바퀴 돌기도 합니다.

한반도의 남부에서는 기후 환경이 변해서 소나무가 죽어가고 있습니다. 죽어가는 소나무를 살리려 안간힘을 쏟고 있지만 생태 환경의 변화는 소나무가 지속적일 수 없는 조건을 만드는 것이니 막을 수는 없습니다. 한국에서 소나무가 다 사라지더라도 지구 다른 어느 곳에서는 소나무 씨앗이 자라고 있을지도 모릅니다. 자신의 생체 특성에 맞는 곳을 찾았다면 그곳에 뿌리를 내릴 테지만 그렇지 못한 경우 완전히 소멸하겠지요. 사라져가는 생명을 억지로 붙드는 것은 환경의 안정에 오히려 위해를 줄 수도 있습니다. 소멸도 자연의 법칙입니다.

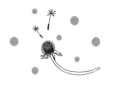

# 우연으로 가장한 필연

생명의 궁극적 목표는 무엇일까요? 생명에는 생로병사가 있으니 '나'가 끝나면 '나'의 육신은 사라진다 해도 '나'를 만들어주었던 생명의 긴 시간은 변함없이 흘러갑니다. 우주의 시간을 응집한 생명체들은 이 생명이 저물면 저 생명이 나타나고, 저 생명이 저물면 또 다른 생명으로 옷을 갈아입은 채 번식과 생육을 통해 긴 역사를 이어갈 것입니다.

기후가 급변하고 있습니다. 6월에 우박이 오고 5월에 냉해가 있습니다. 비나 눈도 한 번 내렸다 하면 폭우나 폭설로 옵니다. 가뭄 아니면 장마가 교차됩니다. 주기도 불규칙적으로 변해 이제는 예측이 불가능합니다. 지진의 발생 간격이 짧아졌고 강도는 자꾸 높아집니다. 잦은 지진과 화산 폭발로 지구의 판(板)이 틀어지고 있습니다. 누군가는 종말이 가까워졌다고 합니다. 문명의 극점으로 치닫게 될수록 자연 현상도 격동합니다.

생로병사의 수순(手順)을 밟는 것은 비단 자연계뿐만이 아닙니다. 생명이 살고 있는 지구 자체도 생로병사를 기치고, 인간의 역사와 문화도 마찬가지입니다. 자본주의 경제는 이미 곤두박질치고 있으며 정치도 사회도 불안합니다. 어쩌면 우리 인류는 롤러코스터의 정점에 있다가 곤두박질치는 중인지도 모릅니다.

생명 유지를 둘러싼 모든 환경이 이처럼 불안정합니다. 과연 이 모두가 우연한 현상일까요? 생명의 탄력성과 지속성을 위한, 즉 생명이 자기 생명을 지키려는 우연을 가장한 필연은 아닐까요?

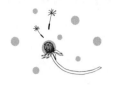

# 기후 변화에 적응하는
# 식물의 관찰

2017년에 이어 2018년에도 한반도는 긴 폭염과 가뭄으로 몸살을 앓았습니다. 긴 가뭄에 키 작은 식물의 뿌리는 타들어 갔습니다. 땅이 품은 수분의 양이 턱없이 부족해서 뿌리를 내리지 못한 탓입니다. 잎이 넓은 식물은 폭염을 피하려고 잎을 오므렸습니다. 벼과 곡물은 볕이 강할수록 잎이 넓은 원예 식물보다 더 오래 버팁니다. 조와 수수가 척박한 토양과 가뭄 속에서도 자랄 수 있는 이유입니다.

2019년은 2018년과 달리 태풍과 폭우가 많았습니다. 식물들은 충분한 수분 덕에 잎이 무성해졌지만 밭은 물러졌고 강풍이 오자 뿌리가 쉽게 흔들리면서 식물들은 병들어 죽어갔습니다. 작물이 한창 자라야 할 성숙기에 폭우가 잦아지니 일조량이 부족해져서 콩 꼬투리가 잘 여물지 못해 수확량이 많이 줄었지요. 하지만 콩알이 작은 나물콩은 가뭄과 태풍에도 잘 견디고 수확량도 많았으니 변덕스런 날씨에 자신이 없으면 알이 작은 콩을 심는 것이지요. 재래종 콩은 대체로 알이 작기도 했습니다.

농사는 자연 변화에 맞게 지어야 합니다. 농부들도 자연의 변화에 발맞추어 식물을 선택해야 합니다. 그래야만 기후의 급변에도 생명의 끈을 놓지 않고 생명을 이어갈 수 있습니다.

# 기후 변화에 움직이는
# 식물의 회귀 본능

잦은 비와 태풍으로 가을 수확기에 비상이 걸렸습니다. 거름도 없이 척박한 곳에서 작은 알만 맺던 토란은 키가 2~3미터가 높게 자라고 알은 토실토실하게 달렸습니다. 가히 식량으로 대신할 수 있을 정도입니다. 토란은 열대지방에서는 물속에서 자라는데 한반도에서는 수분이 많은 가장자리에 심어왔던 것이지요. 잦은 비로 밭이 물에 잠겼지만 토란은 물 만난 고기처럼 쑥쑥 자랐습니다. 생강도 적당한 수분이 있어야 잘 자라는데 마침 영양체가 비대할 무렵에 비가 자주 와주어 생강도 알갱이가 다닥다닥 붙었습니다.

우기에서 잘 자라는 토란은 자신의 고향으로 회귀한

듯 잘 자라주었고, 생강도 가뭄보다 잦은 강수량과 낮은 일조량에 아랑곳없이 잘 자랐습니다. 원래 자신이 좋아했던 시절을 만난 것이지요. 2018년 폭염과 가뭄에 적응하는 것들과 2019년 폭우와 낮은 일조량에 적응하는 것들이 각각 있으니, 애초에 태어난 고향에서 자랐던 모습으로 회귀해갑니다.

식물의 본향을 원산지라 합니다. 생명의 긴 역사 속에서 원(原) 종의 고향에서 가졌던 특성을 버리지 않고 간직해 있다가 고향과 같은 기후 조건이 되어 고향에서 자랐던 모습으로 잘 자라주었던 것이지요. 생명의 속성은 원래 고향을 잊지 않고 품어온다는 것을 확인했습니다.

또 폭염과 가뭄이 오면 토란은 작은 알갱이로 줄기가 작게 겨우 씨알만을 유지할 수 있을 정도로 제각각 환경에 맞는 다양한 모습들로 대를 잇겠지요.

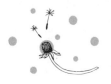

# 씨앗도 없어지고 생겨나고

사람의 성씨도 사라질 수 있을까요? 네, 언젠가 없어질 수 있겠지요. 하지만 지구 역사상 식물 씨앗이 사라지지 않은 걸 보면 사람의 성씨도 그리 쉽게 소멸할 것 같지는 않습니다. 우리 역사를 보세요. 김씨가 우세할 때면 박씨가 숨을 죽이고, 조씨가 우세하면 박씨와 김씨가 난리를 피웁니다. 결코 깡그리 죽는 법은 없어요.

식물의 씨앗도 마찬가지입니다. 자연의 변화와 더불어 어떤 씨는 쇠락합니다. 작물종이 우세하더라도 살아남는 야생종 역시 많습니다. 예를 들어 작물콩이 아무리 많다고 해도 야생에는 여전히 야생콩이 생존해 있습니다. 팥과 동부를 재배해보세요. 돌팥과 돌동부가 논둑에서 자랍니다. 어떤 작물의 종(種)이 야생에 떨어지면 그중 어떤 씨앗은 중간 종(種)으로 변합니다. 야생종에서 육종된 작물 종은 그렇게 살아납니다. 자연과 환경의 변화에서 살아남는 씨앗, 이것이야말로 인간과 동물이 먹고 생존할 수 있는 진짜 씨앗입니다.

인간과 동물은 씨앗을 먹고 생존합니다. 그래서 식물 씨앗이나 동물과 사람의 씨앗이 동일한 변화 과정을 겪는 것입니다. 앞으로는 살아남을 씨앗은 사람이 잘 보살핀 씨앗이 아니라 격변에서 살아남은 야성미 넘치는 씨앗일 겁니다. 그리고 이 씨앗을 먹은 인간과 동물이라면 역시 격변의 역사에서 당당하게 살아갈 수 있겠죠? 격랑 속에서 살아가는 생명들의 얽힘은 자연의 이치에 순응하는 씨앗을 다양하게 잉태하는 위대한 몸짓입니다.

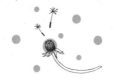

# 동물 텃세 식물 텃세 사람 텃세

사람도 동물도 식물도 자신이 태어나고 자란 곳에서 가장 최적화됩니다. 하지만 발 달린 동물이 어딘들 가지 못하겠 습니까? 식물의 씨앗도 마찬가지죠. 이들 역시 한곳에서만 자라지 않습니다. 사람을 통해 바람을 통해 여기저기로 퍼 집니다. 문제는 텃세입니다. 새로 온 씨앗은 텃세가 있는 곳 에서 잘 자라지 못합니다. 텃세가 강한 곳에서 살아남으려 면 지난한 과정을 견뎌야 합니다. 사람도 그렇습니다. 개를 길러보세요. 텃세가 무엇인지 금방 이해하게 됩니다.

우리 집에 있는 세 마리 개 중에서 한 마리는 주인에게 학대받고 저의 집으로 도망쳐 온 녀석입니다. 다른 두 마리는 어릴 때부터 있었고요. 이 두 마리 녀석들이 새로 들어온 개에게 텃세를 부렸습니다. 주인에게 귀여움을 받지 못하도록 경계하고, 안 하던 충견 노릇까지 앞장서서 합니다. 먹는 것도 둘이 먼저 먹습니다. 새로 온 산돌이는 이곳에서 살아남으려고 안간힘을 씁니다. 두 녀석이 싫어하는 짓은 절대 하지 않습니다. 행여 녀석들이 으르렁대면 얼른 '항복!' 하면서 발랑 드러누워 배를 보여줍니다. 산돌이가 살아가는 방식입니다.

식물 사이에도 텃세가 있습니다. 갈대나 억새는 다른 종을 허용하지 않습니다. 갈대와 억새는 땅에 깊게 뿌리를 내리기에 그 뿌리를 없애는 것이 쉽지 않습니다. 다른 종을 심어보아도 여간해서는 살아남지 못하더라고요. 그들이 온통 땅을 점령해버리니까요.

갈대나 억새의 텃세가 심한 곳에 저는 메밀과 참깨를 심었습니다. 그랬더니 참깨가 억새와 갈대의 텃세를 잠시나마 평정했습니다. 그 후로 저는 억새나 갈대를 뽑지 않고 메밀과 참깨 농사를 번갈아 짓고 있습니다. 텃세를 잠시 주저앉히는 하나의 방법이지요. 물론 갈대와 억새의 텃세를 완

61

전히 없애는 방법도 있습니다. 풀이든 무엇이든 그것으로 바닥을 덮어 빛을 보지 못하게 하는 겁니다. 또 생장점을 없애는 방법도 있고, 텃세를 약화시키는 우점식물을 심는 것도 하나의 방법입니다.

텃세는 자연스럽지만 영원불멸하지 않습니다. 생물의 군집이 시간에 따라 변화하는 생태 천이(遷移) 과정을 보면 아무리 시간이 많이 걸려도 결국 새로 온 이들 역시 자리를 잡게 된다는 것을 알 수 있습니다.

사람 사이에도 텃세가 있습니다. 귀농한 사람들도 종종 "마을 사람들이 텃세를 부려 살기 어렵다"고 말합니다. 하지만 텃세는 자연스러운 현상입니다. 그렇게 말했던 분도 자리를 차지하고 농촌 생활에 익숙해지면 새로 오는 이들에게 텃세를 부리게 되지 않을까요? 자리를 먼저 차지한 사람들로부터 자리를 양보 받으려면 잘 보여야 하는 것은 당연하지 않을까요? "먼저 솔선수범해서 잘해야 해" "이렇게 하면 돼" 하고 충고해주지 않을까요? 텃세는 저절로 일어납니다. 텃세는 자연스러운 현상입니다. 크게 보면 인류 역사도 텃세의 과정이자 집적이지요.

# 문화 텃세

근년에 일어난 사회문화적 텃세도 있습니다. 2018년에 예멘 난민들이 제주도에 대거 입국했습니다. 대부분 젊은 남자들이 난민 신청을 하자 일부 한국 사람들이 난민 입국 반대를 외쳤습니다.

"젊은 사람들이 온 것은 난민이 아니다. 취업하러 온 사람들이 난민 허가를 받으려는 것이다. 나는 반대다."

"난민들이 대우를 받으면 우리 일자리가 위협 받는다."

"이슬람 사람들은 여성을 학대하고 범죄를 많이 저지른다. 한국 사람들이 위험하게 된다."

"유럽도 난민을 쫓아냈는데 상대적으로 덜 풍요로운 우리나라가 뭐라고 받아들이나?"

우리가 낸 세금으로 남을 먹일 수 없다는 논리였어요. 젊은이들이 일자리를 못 찾고 방황하는 상황에서 어찌 보면 자연스러운 텃세를 부린 것입니다. 여유로운 삶이라면 텃세를 부릴 이유가 없습니다. 아무 데서나 잘 자라는 식물이 텃세를 별로 부리지 않는 배경이지요. 잡초들도 텃세를 잘 부리지 않습니다. 하지만 자리 잡기 힘든 특정한 환경이 되면 동물이든 식물이든 사람이든 텃세가 심해집니다.

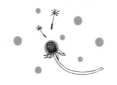

# 순계주의와 토종주의

우월주의에 빠지면 다양한 문화를 배타합니다. 지구 어느 나라든 자유롭게 돌아다닐 수 있는 현대인들은 다양한 문화를 접하기 쉬워졌습니다. 다양한 문화를 인정하지 않으면 다른 문화권에서 살고 적응하기가 어렵습니다. 토종만이 우월하다는 토종주의 또한 억압을 낳습니다. 토종이란 결국 오랜 시간 이 땅에 적응하여 고정된 것인데요. 외래종이지만 이 땅에 오래 살면서 적응된 것들은 무엇이라 불러야 하나요? 저는 이 역시 토종이라 생각합니다.

토종주의는 종종 순계주의에도 빠집니다. 사람과 동물, 식물은 순계를 지키려면 고립되어야 합니다. 한국도 단일민족으로 이루어졌다고 우리는 배워왔지요. 제가 학생일 때만 해도 어른들은 단일민족이라 우수하다는 식으로 가르쳤습니다. 그런데 단군의 자손이 한반도에만 있었을까요?

배추에도 품종이 많습니다. 비결구 배추와 결구 배추, 비결구 배추이면서 뿌리가 큰 것도 있고 작은 것도 있습니다. 배추는 십자화과로 같은 십자화과인 갓이나 유채 등과 교잡이 잘됩니다. 이처럼 우리 민족도 쉽게 구분하기 어려운 주변 민족들과 수천, 수만 년 동안 교류해왔습니다. 정말 순계가 유지되었을까요?

계통은 끊임없이 분화하고 결속합니다. 기후 조건이 바뀌면 형질도 변하지요. 유전 법칙에서는 변종의 분화 과정이 생길 수밖에 없습니다. 변이종이 어느 순간 고정종이 되듯 근본적으로 순수한 혈통을 가진 토종과 순계란 자연계에서는 존재하기 어렵습니다. 사회역사적으로 순계혈통 논리는 독일 파시즘의 출현으로 유대인 학살로 나타나기도 했던 것을 기억했으면 좋겠습니다.

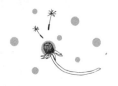

# 순계만을 고집할 수 없는
# 긴 세월

'우리끼리'라는 순계에는 지속성이 없습니다. 인간은 누가 순계를 선발할까요? 재배식물은 인간이 순계를 선발할 수 있으나 그것도 한시적입니다. 수백 년의 세월로는 부족하지요. 조선의 이씨왕조 역사는 기껏해야 500년입니다. 시간도 짧고 구성원도 다양하지 않았습니다. 다양하지 않으면 지속성도 떨어집니다. 자유롭게 섞여 있는 것들 가운데서 어느 것은 살아남고 어느 것은 쇠락하니까요.

그러니 '우리끼리만 잘 살아간다'는 선언은 옳지 않습니다. 모든 생명은 그물망처럼 연결되어 있기에 '우리끼리만'은 결코 성립될 수 없어요. 착각일 뿐입니다. 얼마 전 난민들의 입국을 반대하는 이유 중 하나로 경제 상황에 따른 젊은이들의 박탈감이 수면 위로 불거졌는데요. 이기심과 배타심을 누그리고 바라보세요. 그들의 모습에서 누가 보이나요? 가난해도 세 쪽을 나눠먹던 조상들의 측은지심을 되새겨보면 좋겠습니다.

# 가난한 자의 풍요

가난한 사람은 다른 일에 관심과 여유를 갖기 어렵습니다. 오죽하면 '목구멍이 포도청'이라는 표현이 있겠습니까? 그래서인지 혁명과 개혁에 앞장섰던 자들은 대개 경제적으로 여유로웠습니다.

'자신이 행복해야 남이 보인다'는 말처럼 자신이 기뻐야 남을 즐겁게 해줄 수 있습니다. 그런데 가난해도 자신의 삶을 만족스럽게 펼쳐나가는 사람들이 있습니다. 바로 '씨앗의 삶'을 사는 이들입니다.

목숨을 연명할 한 잔의 술과 한 숟가락의 밥만 있으면 된다는 사람, 생계를 위해 끊임없이 옮겨 다녀야 하지만 그

럼에도 꽉 막힌 도시에서 갇힌 삶을 선택하느니 유목민 마인드로 자유롭게 살겠다는 이들, 먹을거리가 부족해도 자유를 택하는 야생의 인간들이 바로 그들입니다. 물질적인 풍요보다 자유로움을 선택하는 이들, 마음이 여유로우면 남을 돌아볼 수 있는 눈이 열립니다.

심신이 고달프면 자신의 고달픔만 보입니다. 심신이 고달플 때 자신보다 더 고달픈 사람들을 돌아보면 상대적으로 자신의 풍요로움을 볼 수 있습니다. '아래, 옆, 뒤를 보고 사는 것'은 마음의 여유를 보는 한 방법이기도 합니다. 자신의 풍요는 다른 이의 빈곤을 보고 위로받게 해주고, 다른 이에게 한 줌의 쌀을 건넬 수 있는 여유를 가지게 해줍니다. 심신의 풍요는 남이 주는 것이 아니라 '스스로' 만들어가는 것입니다.

# 부모들의 빗나간
# 자식 생각

금수저로 태어나서 생활하며 평등한 세상을 말한 교수. 한 회 출연료를 수천만 원 받으면서 난민 보호를 외치는 배우. 이들을 겨냥해 평범한 서민들이 말합니다. "금수저를 물고 태어나 금수저로 살면서 '평등'을 얘기하는 것은 배신이다" 라고요. "부모 덕으로 쌓은 스펙을 이용해 대학에 입학하다 니, 배신감을 느낀다. 도무지 언행일치가 되지 않는다"고 말 이에요.

평생 여성운동과 노동운동을 해온 어떤 노교수와 자주 대화를 하곤 했는데 '학벌에 대한 집착'을 드러내는 귀에 거슬리는 말을 자주 들었습니다. 평등하고 공정한 세상을 위해 헌신적으로 살아왔지만 그녀는 종종 학벌로 비교합니다. 어떤 지방대 교수는 연회에서 지방대 출신을 얕보는 이야기를 서슴없이 꺼냅니다. 저는 '저 사람이 가르치는 대학에 다니는 제자들을 그는 어떻게 대할까?'라는 생각을 했습니다.

자식을 대하는 부모의 건강한 태도는 어떤 것일까요? 자식이 편하게 살도록 해주는 것이 부모의 심정이겠지요. 소수의 부모는 자식을 사막으로 몰아칠 수도 있습니다. "그런 못된 것을 배우러 학교를 다니느니 중퇴하고 마음대로 살라"고 말하는 부모를 만나기는 쉽지 않습니다. 물질적인 대물림이 삶을 규정하는 세상이니 말입니다.

건강한 씨앗의 대물림이란 건강하고 반듯한 놈을 선별합니다. 형질이 그대로 잘 보존된 씨앗이어야 식물과 열매가 건강할 확률이 높으니까요. 싹이 잘 트고 초기 성장이 잘 이루어질 수 있도록 약간의 외부적인 조건이 있으면 내적인 힘에 의해 조성되니까요.

하지만 현대 농업처럼 땅을 몇 번이고 갈아주고 영양제나 퇴비를 잔뜩 넣어주어 뿌리의 힘을 쓸 필요도 없게 하고, 벌레가 오면 면역력을 발휘하기도 전에 농약을 수차례 치고, 풀이 자라면 풀 약을 쳐서 작물을 보호한다고 하지만 오히려 식물이 자라는 생태 환경을 망치고 결과적으로 건강한 씨앗을 망치는 것이 앞서 말한 부모들의 빗나간 자식 생각이 아닐는지요?

# 이름을 통해
# 가치와 문화를 보다

토종씨앗 이름은 다양합니다. 똑같은 울타리검정콩인데 홍천에서는 '줄콩'이라고 하고, 진안에서는 '동부'라고 합니다. 각종 울타리검정콩을 통틀어 '줄콩'이라고 부르는 홍천 사람들은 단순한 사고를 가진 것 같습니다. 군이 구별하지 않는다는 것이죠. 또 용인에서는 잿팥을 '파란팥'이라고 부릅니다. 파란색도 없는데 왜 파란팥이냐 물었더니 "빨간팥이 아니니까"라는 답이 돌아왔습니다. 토종씨앗의 이름을 통해 지역주민들의 성향도 엿볼 수 있습니다.

　김치를 충청도에서는 '짠지'라 하고 전라도에서는 '싱건지'라고 합니다. 지역마다 부르는 이름이 다르지요. 언어는 곧 문화입니다. 충청도에서 짠지라고 한 것은 김치가 소금 절임이라는 뜻이고, 전라도에서 싱건지라 한 것은 소금 절임이 아닌 김치를 담근다는 뜻이겠지요. '쓸가리'라는 말도 있습니다. 시래기는 쓰레기와 비슷한 어원을 가집니다. 그래서 오묘한 조합으로 '쓸가리'라는 말이 나온 것 같습니다.

이름을 붙이는 작업에서 이름을 짓는 사람의 철학이나 사유방식을 보게 됩니다. 1970~1980년대 학생운동이나 노동운동을 했던 사람들의 자식 이름으로 유독 '민주'라는 이름이 많은 것을 보면 부모가 무엇을 중시했는지 알 수 있습니다.

중학교 친구 중에 '분순이'라는 이름을 가진 여자아이가 있습니다. 집안에서 기다리는 손자가 나오지 않자 끝내 '분하다'라는 감정을 이름에 넣은 것이라 하더군요. 이 친구는 커서 개명을 하겠다고 했습니다. 이 밖에 생각할 것도 없이 편하게 기억하자는 것으로 '삼남이' '육남이'라고 단순하게 붙여진 이름도 많습니다.

이름을 보고 이름을 지어준 이의 성향과 가치를 읽을 수도 있습니다. 똑같은 형태이나 지역에서 마을마다 다르게 부르는 토종씨앗 이름과 사람의 이름이 중요한 것은 이름을 통해 우리 조상의 사유 방식과 가치, 문화를 반영한 '얼'을 엿볼 수 있기 때문입니다.

# '소리'가 씨가 된다

'성명학'이란 분야가 있습니다. 이름대로 살아가므로 이름 짓기를 중요하게 생각해야 한다는 학문이죠. 오십 넘게 살아보니 정말 이름대로 살더군요. 아마도 소리의 파장 탓인 것 같습니다.

흔히 "말씨와 마음씨를 잘 써야 한다"고 합니다. "세 치혀를 잘 놀려야 한다"는 경고성 조언도 있지요. 동양의학과 요가로 풀어보면 혀는 심장과 연결되며 하늘과 땅을 연결하는 고리로 음의 경락인 '임맥'과 양의 경락인 '독맥'을 연결합니다. 혀에는 기미를 식별해서 장부로 직접 전달하는 미세한 경맥이 있어 맛을 통해 어느 경맥에 영향을 미칠지

파악할 수 있습니다. 또한 입을 통한 소리는 진동을 통해서 경맥을 울리며 근육을 진동시킵니다.

서양의학에서는 '신경'이라는 말을 많이 쓰지요. '신경 쓰인다' '신경질난다' '신경이 곤두선다' 등등의 표현에서 볼 수 있듯 언어는 마음의 소리가 신경을 작용하고, 신경은 정신과 마음의 흐름을 나타냄을 알 수 있습니다. 서양의학에서 마음과 정신을 다루는 분야를 신경정신과(department of neuropsychiatry)라 부르는 이유입니다.

소리는 그 사람의 심신 상태를 알려줍니다. 말 속에 수시로 'ㅆ' 욕설을 버무려 쓰는 사람들은 불만이 가득하고 심신이 격해 싸움을 일상으로 합니다. 흔히 깡패 집단이 그러합니다. 전쟁터의 총소리를 들으면 심신의 불안과 공포가 극대화되고 수년 동안 전쟁터에 있던 군인들은 고향으로 돌아와서도 평생을 '환청'과 '마음'의 트라우마 때문에 괴롭게 살아가기도 합니다. 소리는 이렇듯 몸과 마음에 강하게 새겨집니다.

반면에 새소리나 잔잔한 물소리를 들으면 심신이 편해집니다. 심신이 피곤하고 지칠 때, 숲이나 자연의 소리를 들는 이유입니다. 잔잔한 소리는 마음의 안정을 가져다주니 잔잔하고 포근한 목소리를 가진 사람은 자신의 심신이 그러하다는 표식이겠지요. 또한 째지는 날카로운 소리를 들으면 귀가 찢어지는 몸의 경련을 일으킵니다. 이처럼 소리란 가장 강력한 파장과 진동을 불러일으킵니다.

북한에는 두음법칙이 살아 있습니다. 이것은 중요한 의미를 지닙니다. '리' '류'라고 발음하면 혀끝이 윗몸 끝에서 떨어지며 발음합니다. 하지만 '이' '유'는 치아와 입모양만 움직입니다. 혀끝 하나의 움직임과 소리 에너지의 중요성을 간과하지 않은 것이지요.

'이름대로 산다'는 말은 타인이 이름을 불러줌으로써 비로소 존재하는 이름은 소리가 '씨'가 되는 것을 의미합니다. 말이 씨앗이 된다는 말이지요. 마음 '씨'가 말 '씨'로 표현되고, 소리는 파장을 통해 마음의 흐름인 신경을 타고 사람의 몸에 증상과 감정으로 나타납니다. 우리 인체는 호흡과 소리, 근육과 뼈, 혈관과 신경 등 신체의 미세한 모든 부분이 연결되어 작용합니다.

명상은 신체의 소리를 듣고, 하늘의 기운을 듣습니다.

순간적으로 내뱉는 소리 한 마디, 순간적인 생각, 감정. 이 모든 것이 '씨'가 된다는 것. '씨앗'은 참 무서운 것입니다. 하물며 평생 상대방이 불러주는 이름은 얼마나 큰 힘을 가졌을까요?

'아~'

고통의 외마디, 날카로운 비명, 감동의 감탄사, 흥겨운 노래 가락, 소리치는 메아리…. 당신은 지금 어떤 소리를 내고 있으며 당신의 몸은 어떤 반응을 하고 있는지요?

# '콩팥' 이름의 원리

콩팥을 소리로 발음을 분석해볼까요? '콩'을 발음할 때는 입이 모아집니다. '팥'은 입술이 터집니다. 콩은 안으로 생명 에너지를 모으고, 팥은 바깥으로 내뱉거나 배설을 시켜줍니다. 약성으로는 콩과 팥은 주요 생명 에너지원이지만 콩은 모으는 에너지며 팥은 배출의 에너지가 강합니다.

우리 신체 기관 이름 중에도 콩팥(kidney)이 있습니다. 모양이 딱 콩이나 팥처럼 생겼지요. 콩팥은 체내로 흡수된 물질이 걸러지는 최종 기관입니다. 콩팥은 강낭콩(kidney bean)이 들어오기 전에 정착된 말인 것 같습니다. 한반도에 기원을 둔 것은 콩과 팥뿐이니 모양이 콩과 팥의 모양을 합쳐놓은 것 같다고 콩팥이라는 이름을 붙인 것은 아닐까요?

'콩닥콩닥'은 콩 볶을 때 콩이 튀는 소리입니다. '심장이 콩닥콩닥 뛰다'는 표현처럼 콩이 튀는 소리를 들으면 심장의 박동이 느껴집니다. '하하' 소리는 기쁠 때 웃는 소리입니다. 기쁨으로 심장이 뜨거우니 열을 바깥으로 빼내는 작용을 저절로 하게 되어 '하하' 웃습니다.

소리는 생명을 유지하기 위한 장부의 질서를 나타냅니다. 이름은 평생 듣고 평생 부르는 것입니다. 이름은 존재의 고유한 성질을 표현합니다. 소리자인 한글은 말하고 들으며 파장에너지를 전달합니다. '말씨'에서 보듯이 에너지 교류만이 아니라 말은 물질로 실재합니다. 말씨가 고와야 하는 이유입니다.

# 씨앗은
# 수백 수천 년 생명의 응축이다

"그놈의 씨(종자)가 어딜 가냐?"

어른들이 종종 내뱉는 말입니다. 씨앗을 받아서 심으면 똑같은 모양과 성질이 나옵니다.

김씨. 박씨. 이씨. 성씨 모두 씨앗의 의미겠지요.

말씨. 마음씨. 글씨. 맵씨. 솜씨. 모두 씨앗의 의미입니다.

불씨의 중요성은 이루 말할 수 없습니다. 부싯돌로 불씨를 모았던 시대 불씨를 꺼트리지 않는 것, 간장 씨로 대대손손 간장의 맛을 보존하는 것이 중요했습니다.

'씨팔'이라는 욕설은 '씹할'에서 온 것이며, '씹'은 성교를 의미하지요. 성교는 씨앗을 만드는 중요한 행위입니다. 생명을 만드는 중요한 일이므로 합방도 함부로 하지 않았던 옛 전통이 있었습니다. 씨앗이 생명의 근본이며 무엇보다도 중요함을 말해줍니다. 그래서 어른들은 말합니다.

"씨 함부로 만들지 마라!"

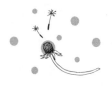

# 씨앗을 함부로 대하는
# 현대 과학

'씨를 함부로 만들지 말라'는 어른들의 말을 무시하는 집단이 있습니다. 유전자가 변형된 씨앗을 만들고 있는 생명 공학 종사자들입니다. 유전자 공학은 씨앗을 '함부로' 자연 질서를 고려하지 않고 개발하여 '인간의 탐욕'을 채우는 데 목표를 둡니다.

할리우드 영화 가운데엔 괴물들이 출현하는 것이 많습니다. 러시아의 일리아 이바노비치 이바노프(Ilya Ivanovich Ivanov, 1870~1932)는 말의 인공수정을 성공시킨 동물육종학자로 그는 인공수정을 통해 새로운 종을 탄생시킬 수 있다고 믿어 1920년대 인간 유전자를 침팬지 유전자와 합치

하려는 섬뜩한 실험을 하다가 실패를 거듭했고, 이 사실이 널리 알려지면서 반인륜적이라 비난을 받고 포기한 사건이 있었습니다. 실로 무시무시한 일이지요.

씨앗을 자연 질서를 교란시켜 만들면 그대로 자연을 교란시키게 됩니다. 유전자 변형 식품이 인간과 생태계를 어떻게 교란시키고 질병을 가져오는지 연구한 다양한 실험 보고가 있습니다. 유전자 공학은 씨앗을 함부로 만들어 기존 질서에게 해악을 가져옵니다. 유전자 변형 식품을 가공식품 및 약품에 사용한 지는 십 수 년이 넘었고, 국가에서 유전자 변형 씨앗을 금지하고 있지만 이미 다양한 경로를 통해 교류되고 있는 실정입니다.

씨를 함부로 만들어 유포했으니 이 지구상에 얼마나 많은 괴이한 것들이 퍼져 있을지, 상상조차 할 수 없습니다. 생명 질서의 교란은 어떻게 잡힐까요? 생명은 어떻게 스스로 생명의 질서를 바로잡아 나갈까요?

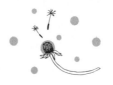

# 씨앗은 원종으로 회귀하려는 본능이 있다

현대인은 "씨앗을 함부로 만들지 말라"던 현인의 충고를 무시했습니다. 유전자 변형 농산물 GMO(Genetically Modified Organism)의 종자를 유전자 변형 생명체 LMO(Living Modified Organisms)라고 하는데 이들은 얼마나 오래갈까요?

유전의 법칙상, 씨앗이 지속성을 띠는 한, 씨앗에는 원래의 모습으로 회귀하려는 성향이 강합니다. 팥알이 땅에 떨어져 저절로 나면 돌팥이 되고, 녹두가 야생에 떨어지면 돌녹두, 들깨는 돌들깨가 됩니다. 야생에서 나와 작물형으로 육종된 것은 야생에 버리면 다시 야생으로 돌아갑니다.

예를 들어볼까요? 키 작은 수수를 계속 씨앗을 받아서 쓰면 5년 뒤에는 키 큰 수수가 나옵니다. LMO 씨앗도 그렇습니다. 계속 씨앗을 받아서 쓰게 되면 씨앗의 본능으로 회귀합니다. 개량된 씨앗이라고 해서 씨앗의 본능이 달라지는 것은 아닌가 봅니다. 야생이든 개량이든 받아서 쓰면 마찬가지 결과가 나오니까요.

씨앗은 수천, 수만 년의 생명이 응축된 것이기에 제아무리 괴물이 되어도, 자신의 본 모습을 잊지 않고 회귀합니다. 씨앗의 힘을 믿는 것. 씨앗이 씨앗을 낳으려는 속성. 지속하려는 본능을 믿고 씨앗을 받는 농사야말로 유전자 조작 변형 씨앗의 대안이 될 것입니다.

씨앗을 받는 농사를 위해서는 씨앗이 잘 자랄 수 있는 환경과 생태를 소중하게 여겨야 합니다. 그래야 씨앗이 원래의 모습으로 회귀하려는 본성을 앞당길 수 있습니다. 씨앗 받는 농사를 하는 사람들 가운데 유기 생태 순환에 관심을 갖고 자립 순환하는 삶을 사는 사람들이 많은 이유입니다.

# 건강한 부모에서
# 건강한 씨앗이

"쟤는 누구를 닮아서 그런지 통 모르겠어." 부모들이 종종 하는 말입니다. 누구를 닮았을까요? 자식은 부모를 닮습니다. 자신을 닮은 것을 모른다면 이는 부모 스스로 자기 자신을 모른다는 뜻일 뿐입니다. 자신을 모르는 부모는 자식에게 억압적입니다. 자식에게 곧잘 "행복하게 살아라"고 하면서도 보편적인 사회적 가치를 강요하는 부모가 있다면 본인에게 한번 물어보세요. '나는 행복한가?' 하고 말입니다.

부모 자신이 행복하지 않으면서 자식에게 '행복'을 강요할 수는 없습니다. 그런 행복은 자식에게 자신의 욕망을 투영하는 데 지나지 않습니다. 부모가 행복하면 자식은 부모를 보면서 배웁니다. 부모로부터 받은 유전형질 덕분에 아이들은 일찍부터 부모의 표정과 언어 행위를 닮아갑니다. 음식의 선호도까지 닮습니다.

지금 당장 나타나진 않아도 형질은 일정한 조건을 만나게 되면 잠재한 것을 드러냅니다. 씨앗이 자기 기질에 맞는 밭을 만나면 잘 성장하는 것처럼요. 옥수수와 호박은 퇴비가 많아야 잘 성장하고, 토마토와 참깨는 퇴비가 많이 들어가면 병해를 입습니다. 다래나 모과, 헛개나무는 계곡 가장자리 습기가 많은 곳에서 잘 자라지만 사과와 배나무는 물이 잘 빠지는 양지에서 잘 자랍니다.

자신에게 맞는 토양은 제각각이지만 현대 농업은 퇴비를 넣고 기계로 갈아 똑같은 조건에 여러 가지 식물을 심기에 토양에 식물을 맞추는 꼴이 되니, 자신에게 맞지 않는 토양을 만난 식물은 병충해를 입고 다른 식물에게로 번지게 만듭니다.

인간의 삶도 똑같습니다. 현대인의 삶도 현대 농업처럼 개인의 특질을 고려하지 않고 똑같이 획일적으로 적용합니다. 자식이 잘되길 원한다면 자식의 의사를 먼저 존중하며 자식의 자질이 잘 드러나도록 조건을 내어주면 자식은 저절로 자신의 힘으로 자라게 됩니다. 자식도 씨앗도 그 자체로 온전하기 때문입니다.

씨앗은 살기 위해 토양과 기후에 적응합니다. 씨앗은 자신에게 맞는 조건에서 발아됩니다. 씨앗과 밭의 환경이 맞아 떨어져야 합니다. 조건이 맞지 않으면 발아되지 못한 채 죽기도 하고, 오랫동안 기다렸다가 나오기도 하고, 발아하되 제대로 성장하지 못해 병해를 입거나 죽기도 합니다.

씨앗이 발아하고 성장하는 데엔 필요조건이 있습니다. 사람 씨앗도 마찬가지입니다. 사람도 자신이 태어나고 자란 곳이 가장 최적화된 곳이지만 환경이 맞으면 어디에서든 살아갈 수 있습니다. 식물의 씨앗도 어미가 자란 곳에서만 자라지 않습니다. 사람을 통해 바람을 통해 여기저기로 퍼집니다. 식물도 발이 달려 있어서 지구를 한 바퀴 돌기까지 합니다. 여기저기 돌며 적응하고 대를 이어갑니다. 사람이 여기저기 돌며 정착하는 것처럼 말이에요. 사람이나 씨앗이나 다 같은 원리 아래 살아갑니다.

# 사람은 낮에 활동하고,
# 동물과 벌레는 밤에 움직인다

태양빛이 적은 겨울이나 흐린 날에는 수면 시간이 많아집니다. 태양 에너지가 약한 날은 음기가 높아지기 때문입니다. 많은 동물이 밤에 활동합니다. 사람을 피할 수 있기 때문인데요. 그 결과 밤에도 활동이 가능하도록 적응되었습니다.

자연의 개체들은 서로 충돌하지 않도록 각각 서식지와 시간을 조정하면서 알맞은 환경을 만들어갑니다. 생태계가 파괴되면 이런 공존이 무너지고 날카로운 충돌이 발생합니다.

요즘 멧돼지와 고라니가 작물을 해치면서 사람과 갈등

을 빚고 있습니다. 이들의 천적이 사라져 개체수가 증가한 데다가 서식지에 사람들이 비집고 들어가면서 생태계가 파괴되었기에 나타난 현상이죠.

생태계가 균형을 찾으려면 시간이 아주 많이 걸립니다. 때로는 인위적 조율도 불가피하지만, 섣부른 인위적 조율은 오히려 생태계의 불균형을 더 크게 조장할 수 있습니다. 차라리 자연적인 흐름을 기다리는 것도 괜찮습니다. 2019년 돼지열병이 창궐했을 때 경기도 지역에서는 멧돼지를 사냥했습니다. 자연스럽게 멧돼지 개체수가 감소했지요. 과하면 느리지만 자연이 저절로 조율합니다.

갈등은 균형을 맞추기 위해 동반되는 필연적 과정입니다. 식물도 동물도 갈등과 조정을 통해 조화를 이루는 것처럼 갈등은 소통을 위해 필요한 과정입니다.

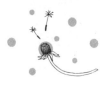

# 자연은 서로
# 부딪히지 않도록 배려한다

갈등은 소통하려는 증상입니다. 갈등이 없으면 무기력해집니다. 생명 역동성이 부족해집니다. 불균형은 균형으로 가려는 증상입니다. 증상은 생명이 생명이고자 시너지를 내려는 긍정적인 에너지입니다. 증상을 잘 알아채 원인을 치료하라고 갈등이 요청하는 것입니다.

자연에서 일어나는 파장은 충돌하지만 서로 배려하기도 합니다. 갑작스럽게 외부 세력이 밀려오면 토종은 움츠립니다. 외부 세력과 토종 세력이 갈등 단계를 거쳐 외부 세력이 토착을 꾀하며 공생이라는 균형을 찾아갑니다.

교란의 소용돌이는 재편(再編)된 균형의 질서로 나아

갑니다. 균형의 질서가 깨지는 것은 파괴와 죽음입니다. 파괴는 자연 재해라는 재편을 통해 균형을 잡으려고 합니다. 완전한 파괴도 자연에게는 새로운 질서 수립 과정입니다. 자연은 서로 부딪히지 않도록 배려합니다. 극단의 갈등은 최후의 선택일 뿐이니까요. 씨앗의 일도, 사람의 일도 그렇습니다. 모름지기 생명의 일이 그렇습니다.

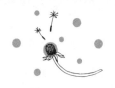

# 한 발 물러서는 법을 배우자

선은 악을, 악은 선을 존재하게 합니다. 한쪽이 없으면 다른 한쪽이 존재하지 못합니다. 선악은 상대적입니다. '나'는 '너'가 있어야 존재합니다. '너'가 없는 '나'는 존재할 수 없습니다. 선과 악은 공생합니다. '나'와 '너'가 공존하듯 말입니다.

자연은 선하기도 하고 악하기도 합니다. 인간의 입장에서 이로우면 선하다고 하며, 해를 끼치면 악하다고 합니다. 인간이 취득하고자 하는 식물에 해악을 끼치는 벌레는 해충(害蟲)이 되고, 인간이 원하지 않는 식물에 해악을 입히면 익충(益蟲)이 됩니다. 사람의 입장에 따라 선과 악을 나누는 거죠.

하지만 자연계를 잘 보세요. 선한 것이 악을 일으키며, 악한 것이 선을 불러오기도 합니다. 지금은 선이지만 나중엔 악일 수 있습니다. 자연은 본디 선하지도 악하지도 않으며 분별할 수 없습니다. 선과 악을 절대적으로 분리하면 평화는 깨지고 전쟁이 득세합니다. 전쟁은 남을 죽이고 내가 사는 것입니다. 현대 농업은 늘 전쟁을 일으킵니다. 풀과의 전쟁, 벌레와 전쟁, 기후와의 전쟁…. 전쟁하지 않고 평화롭게 해결하면 안 될까요?

풀과의 공존, 해충과의 공존, 기후 변화와의 공존. 공존을 택하려면 누군가는 한 발 물러나야 합니다. 지금은 사람이 한 발 물러나야 할 때입니다. 싸움을 할 때 한 발자국 물러서면 싸움의 대상이 제대로 보이게 됩니다. 둘이 한 치의 틈도 없이 맞닿아 있으면 '이는 이' '독은 독'으로만 보입니다. 내가 선이라 여기던 것이 선이 아닐 수 있으며, 독이 약이 될 수도 약이 독이 될 수도 있습니다. 한 발 물러나면 비로소 '너'가 보이고 양면과 전체를 볼 수 있습니다. 한 발 물러나는 법을 배워야 합니다.

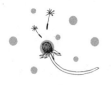

# 공동체는
# 70:30이 이상적이다

어떤 모임이든 100퍼센트 완전무결한 긍정이나 부정은 없습니다. 모이면 매사에 부정적인 태도를 가진 사람이 있습니다. 100퍼센트 같은 생각이라고 모이지만, 20퍼센트가량 다른 생각을 합니다. 100퍼센트 완전무결은 오히려 무너지기 십상입니다. 70~80퍼센트 긍정은 20~30퍼센트 부정이 있어야 상대에 대한 포용력을 훈련하며 발전합니다. 균형을 이루려면 70:30이나 80:20이 가장 이상적입니다.

자연현상도 마찬가지예요. 아무리 충실한 종자를 심어도 부실한 종자 발생률이 20퍼센트 정도 됩니다. 20퍼센트가 부실하더라도 나머지 80퍼센트는 튼튼하니까 20퍼센트의 부실한 것을 안을 수 있습니다.

공동체에서 활동력이 가능한 70퍼센트의 사람들이 있으면 나머지 활동이 어려운 사람들이 두드러지지 않고 아무렇지도 않게 어우러져 살아갑니다. 옛날 마을 공동체가 그러했습니다. 몸을 겨우 움직이는 할머니는 봄날에 쑥을 캐어와 쑥떡을 해먹을 수 있었고, 묵나물을 뒤적이며 살림을 보탰습니다. 아이들도 돌보았습니다. 생활에 바쁜 부모가 못 하기에 호기심이 많아 질문하는 아이들에게 충실히 말을 건네주는 벗으로서 거동을 하지 못하는 노인들조차 손자들을 돌보았습니다. 발이 없는 장애인은 가죽신을 만드는 일을 했으며, '바보 천치'라고 불렸던 이들조차도 지게에 장작을 날랐습니다.

모든 것을 손으로 만들어 사용했던 전통 사회에서는 활동력의 경중에 따라 각기 맞는 일을 하면서 서로를 보충했습니다. 생태적이고 순환적인 자립적 생활은 어떤 손도 헛되지 않았던 것이지요. 분절적이고 의존도가 높은 생활과 사회일수록 전체적인 자립도는 낮아지고, 경직된 조직을 만들어 소수가 지배하여 굴종하는 사회를 만듭니다.

# 안정은 없다

안정된 생활이란 무엇일까요? 생명을 유지하려면 자급이 안정되어야 합니다. 농사를 짓지 않는 이는 농부에게 의존합니다. 농부가 가장 안정된 사람이며, 안정된 농부에 의존하는 도시인이라면 덩달아 안정될 수밖에 없습니다.

도시에 의존하는 농촌과 농부는 불안정합니다. 자급을 하지 않고 상업농만을 하면 언제 망할지 모릅니다. 수천 평의 양파만 짓는 농부들은 매년 희비가 엇갈립니다. 도시가 농부에게 의존해야지 농부가 도시에 의존하면 안 됩니다.

현대인의 생활 가치는 좀 다릅니다. 좋은 직장에 취직하는 것을 안정이라고 생각합니다. 대형 백화점에서 물건을 살 수 있는 능력을 지닌 사람을 안정된 사람이라고 하지만 이들 역시 불안정합니다. 기업이 도산하거나 해고당할 위험이 아예 없는 건 아니거든요.

안정에 대한 현대인의 생각은 착각입니다. 땅에 의존한 사람들은 지루하지만 도시인에 비해 안정된 사람입니다. 씨앗도 안정된 것이라지만 내외부에 환경에 의해 안정성이 깨질 수 있습니다. 생명체들의 끊임없는 운동 과정은 안정을 향하지만 안정은 일정한 시간이 지나면 불안정의 기간을 거치게 됩니다. 생명체엔 영원한 안정이 없습니다.

# 흐르면 넘치지 않고,
# 통하면 산다

물은 흘러야 합니다. 잠시 고일 수는 있지만 오랫동안 고여
있으면 썩습니다. 흐르면 넘치지 않습니다. 흘러야 생명입니
다. 흐르는 생명은 흐르는 길에 순응해야 생명을 유지할 수
있습니다. 인간관계도 흘러야 합니다. 불통되면 고여서 썩
습니다.

흐르는 피는 온기가 있고 흐르지 않는 피는 차갑습니
다. 온기를 잃을수록 움직임이 부족한 것입니다. 움직임이
적어지면서 곧 흐름은 정지가 됩니다. 정지는 죽음을 뜻하
지요.

흐르는 것. 통(通)하는 것. '통'은 생명체의 생명입니다.

자신의 몸과 마음이 서로 통하고, 사람 사이 서로 통하며, 자연과 통합니다. 모든 길은 통하며, 통하려고 길은 만들어집니다. 씨앗도 끊임없이 개체 안과 밖에서 통하면서 생명을 이어나갑니다.

# 생명은
# 응축과 펼침의 과정이다

생명의 움직임은 모으고 펼치고, 응축되고 펴집니다. 식물은 생명 에너지를 얻기 위해 광합성을 하려고 몸을 한껏 펼치고, 밤이 되면 생명 에너지를 잃지 않으려고 잎을 오므립니다. 그와 반대로 달빛을 받으려고 밤에 한껏 펼치고 밤에 달빛을 잃지 않으려고 낮에 잎을 오므리는 달맞이꽃이라는 식물도 있습니다.

한껏 펼치는 것은 생명 에너지를 얻는 행위입니다. 즐겁고 기쁘면 한껏 펼쳐지는 것과 같습니다. 대부분의 생명체는 추운 겨울이면 추위로 인해 에너지 손실을 막으려 몸을 한껏 웅크립니다. 웅크리는 것은 몸을 보호하려는 것입니다.

생명의 원리는 펼치고 응축되는 과정입니다. 사람의 신체 또한 이 원리로 구조화되어 있습니다. 팔은 안으로 모으고 밖으로 펼칠 수 있습니다. 팔과 다리에 관절이 있는 이유는 이 때문입니다. 호흡에도 들숨과 날숨이 있습니다.

씨앗 자체는 응축된 덩어리입니다. 씨앗의 발아와 꽃이 피는 과정은 생명을 펼치는 것이고, 펼쳐서 한껏 에너지를 모든 결과로 열매를 맺고 씨앗을 남깁니다. 씨앗을 응축시킨 모체는 죽음이라는 해체과정을 겪습니다.

응축과 해체는 순차적으로 또는 동시에 일어납니다. 수면은 응축이며 깨어남은 펼침입니다. 개는 웅크리고 자고, 일어날 때면 몸을 쫙 펼칩니다. 사람도 잠자리에서 일어날 때 기지개를 폅니다. 기지개를 펴지 않으면 웅크려 뭉쳤던 것이 남아 몸의 흐름을 방해합니다. 지구상의 모든 생명체는 응축과 펼침의 연속성과 동시성을 가집니다.

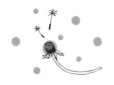

# 노인이 되면
# 왜 시간의 흐름이 빠르게 느껴질까?

시간은 죽음으로 가는 길입니다. 죽음은 공간만이 아니라 시간도 벗어납니다. 생명은 시간에 의탁하고 공간에서 형태 (물질)라는 옷을 입습니다. 물질이 해체되면 시간과 공간을 벗어나게 됩니다. 시간과 공간을 벗어난 에너지는 우주 어디든 이동이 자유롭습니다.

우주의 시간과 지구의 시간은 다릅니다. 우주의 시간은 거의 정체와 가깝습니다. 수억만 년의 기억 장치가 응집된 에너지가 태아 성장 과정에서 몸체를 통해 펼치고 자연 에너지와 만나면서 다양한 색깔로 펼쳐질 때는 공간 장악이 커져 시간이 더디게 가는 것처럼 느껴집니다.

성장하는 아이들은 생명을 펼치는 과정이므로 시간이 속도가 느리다고 여깁니다. 나이가 들수록 시간의 흐름이 빠르다고 느껴지는 것은 태양계의 지구를 벗어나 '빛의 시간'이 없는 죽음으로 가기 때문입니다. 시간은 빛의 흐름입니다. 빛이 없는 어둠 속에서는 시간을 전혀 느낄 수 없는 경험을 해보았을 겁니다. 이처럼 시간은 빛에 의해 만들어진 환상이므로 노인이 되면 빛이 점차로 사라지고 어둠의 공간으로 이동하기 때문에 '시간이 빠르다'고 느끼는 것입니다.

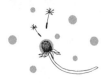

# 아이들은
# 움직이는 것을 좋아한다

식물이 생장시기에 줄기와 가지가 성장하는 데 주력하는
것처럼 사람도 어린 시절에는 몸과 가지를 성장시키는 데
주력합니다. 성장시기라는 것은 움직이는 시기입니다. 꽃이
피고 수정하는 시기까지 영양생장과 생식생장을 하는데요.
열매가 익어가는 시기에는 정적으로 변합니다. 열매를 맺어
생명 개체를 지속하려는 완숙 과정이기 때문입니다. 그러다
가 자신의 일을 마친 뒤에는 다시 지하 뿌리로 돌아가서 에
너지를 보충하는 동면의 시기를 갖습니다. 일년생은 한 생
이 끝나겠지만요.

　인생을 전반부와 후반부로 나누어 30대까지를 성장의

시기로 보면 사십, 즉 불혹의 나이부터는 자식이 성장하여 씨앗을 맺는 시기입니다. 불혹은 곳간 열쇠를 받는 나이입니다. 생의 과정에서 사십 세까지는 동적인 기운이 넘치고 사십 이후부터는 정적인 기운으로 향합니다.

양의 기운이 넘치는 젊은이들은 열정적이며 팽창합니다. 그래서 어린이나 젊은이들은 정적인 식물보다 움직이는 동물과 교감을 더 잘하지요. 동적인 양기는 영역을 넓혀야 합니다. 사십이 되면 어차피 음으로 저절로 향하기에 관심도 동물보다 식물에로 쏠립니다. 자연스럽게 두면 다 그렇게 됩니다. 이것을 굳이 젊었을 때부터 정적인 것도 경험하라며 강요할 필요가 있을까요?

젊은 친구들이 에너지가 넘쳐 방황하는 것은 자연스러운 현상입니다. 늙어가면서 자연의 이치를 자연스럽게 터득하지요. 젊은이들에겐 이리저리 부딪히며 세상의 이치를 깨닫고 자아를 찾는 과정 자체가 매우 자연스럽습니다.

그러나 작금의 양육과 교육은 성장을 끝낸 어른들이 틀을 만들었기에 아이들에게 잘 맞지 않습니다. 양기가 넘치는 아이들을 정적인 기운으로 억누르니 양기의 아이들이

'○○증후군'부터 우울증, 일탈, 왕따에 이르기까지 다양한 아픔들을 경험하는 것이지요. 이 모두 양기가 넘치는 아이들에게 발산의 기회를 주지 않았기에 벌어지는 일들입니다.

네 발로 기어 다니는 아기는 네 발 달린 동물의 감정을 가지며, 두 발로 서면서 자신의 욕구를 표현합니다. 직립 인간으로의 발달은 언어와 행위를 통해 환경에 적응하고 흡수력을 왕성하게 하면서 태아기에 기억된 장치들을 적극 발현합니다. 씨앗이 세상 밖으로 나와 양기를 왕성하게 흡수하면서 생장하는 것과 같습니다.

아이들은 한겨울 추위에도 아랑곳없이 바깥으로 나가 뛰어놀면서 양기를 흡수합니다. 하지만 책상머리 교육으로 바뀌면서 신체가 마음껏 발달할 시기를 놓쳐 두뇌와 연결된 경추와 척추가 틀어집니다. 척추에 붙은 신경근육의 질환으로 오장육부 질환이 생기고, 척추의 불균형으로 좌우 두뇌가 고루 발달하지 못하고, 경추가 일자로 흉추가 굽어지면서 불균형을 유발합니다.

몸의 양기가 왕성한 시기에 몸을 움츠리며 활동량을 최소화하다 보니 신체도 정서도 허약해진 것입니다. 그런데 어른들은 아이들이 산만하면 바로 제재를 가하면서 주의력이 결핍되었다느니 과잉행동증후군이라느니 진단을 받아다 신경안정제를 투여합니다. 정신적, 정서적 불안을 극대화시키는 거죠. 몸을 천대하고 두뇌 발달만 생각하는 이분법적 양육 방식이 각종 질병에 노출되는 힘든 삶으로 유도합니다. 코로나19 바이러스가 나이 불문하고 감염되는 것이 그런 이유입니다.

그들이 생각하는 대로 움직이는 대로 내버려두세요. 농사를 지을 때 자연의 섭리를 따르다가 아주 가끔 옆에서 항상 지지하며 관심을 가지고 있다는 것을 보여주는 것처럼 말입니다. 자연의 기운을 과하게 건드리지 않는 것이야말로 지속성을 담보하는 일입니다. 아이들도 그들의 기운에 맡겨야 합니다.

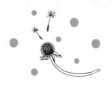

# '먹고산 것이 전부'라는
# 구순 할머니의 말

생명체의 존속은 먹고사는 일을 기반으로 합니다. 산다는 것은 생명을 유지하기 위해 먹을 것을 취하는 데 가장 많은 시간을 할애합니다. 후손을 남기지 않는다면 당대에 모두 먹으면 되지요. 탐욕도 후손이 없으면 사실 일어나지 않습니다.

매우 역설적이죠? 모든 생명체가 후손을 남기니 탐욕도 생기고 개체 간 갈등도 벌어지는 것입니다. 하지만 탐욕의 극대화는 단순히 후손을 때문에 일어나지 않습니다. 자신의 후손만 잘 살면 된다는 이기심과 탐욕, 배타적인 의식에서 비롯되지요.

배타적이고 독점적인 의식은 다른 개체들의 고단한 삶을 강요합니다. 구순 할머니가 돌아가시기 전에 "사는 것이 뭐냐?"고 물었더니 "먹고산 것이 전부야"라고 답하시더군요. 아침부터 저녁까지 일한다는 것은 곧 먹고살기 위함이지요. 도시 사람들이나 농촌 사람들이나 다를 바 없습니다.

먹고산다는 것은 특히 자식을 둔 부모에게 매우 중요한 일입니다. 거의 절대적인 명제입니다. 전쟁을 겪고 굶주림을 겪었던 조부모 세대는 먹고사는 일에 더더욱 매달렸고, 이후 부모 세대는 가난에서 벗어나기 위해 자식에게 교육의 세례를 퍼부었습니다. 부모가 된다는 것이 자식을 양육하는 일이었으니 사실 '먹고산 것 외에 없다'는 말이 옳습니다. "한바탕 잘 놀고 간다"는 천상병 시인의 말 역시 '잘 먹고 잘 살고 간다'는 의미겠지요.

'잘 먹고 잘 사는 것'은 '지독한 가난'으로 '생명 유지가 어려운 상황'에서만 중요한 게 아닙니다. 인간의 독점적 탐욕에서 비롯한 '먹고사는 것의 어려움'이 아니라면, 먹고산 것이 전부인 것이 맞습니다.

지독한 가난은 독점적 탐욕에서 비롯되었습니다. 현대

문명은 바로 독점적이고 배타적인 탐욕의 최고치입니다. 자본주의 사회에서 부모가 된다는 것은 역사적으로 어떤 사회보다 고단하고 어렵습니다. 사지를 절단하고 몸통만으로 살아가는 천형을 스스로 지운 것이니까요.

# 물로 다스릴 사람,
# 불로 다스릴 사람

어릴 적에 웃옷을 벗고 망나니처럼 뛰어다니는 '미친' 사람을 종종 목격했습니다. 열이 올라 몸이 더우니 옷을 벗는 것이고, 열이 머리로 솟으니 마구 뛰어다니는 것이지요. 이들은 빨리 열을 식혀야 합니다. 열이 많은 사람은 물가에서 살면 괜찮습니다. 바닷가에 사는 사람들은 대체로 열이 많은 편에 속합니다.

반면에 우울하여 하염없이 어두운 곳으로 들어가는 사람은 햇볕으로 데려와야 합니다. 이들은 햇볕이 좋은 산에서 살아야 합니다. 우울한 사람이 바닷가나 물가에 살면 물에 빠져 죽으라는 뜻이나 마찬가지입니다.

제 경험상 정신적으로 문제가 있는 사람들에겐 에너지가 넘치더군요. 힘도 세고 달리는 속도가 엄청 빠릅니다. 열은 에너지입니다. 열의 속성상 위로 치솟기 때문에 너무 과하면 정신에 이상이 생기는 것입니다. 직립 인간의 불행입니다. 직립 인간은 목을 통해 두뇌로 열이 오르면 터지거나 미쳐버립니다. '머리는 차갑게, 발은 따뜻하게'라는 두한족열(頭寒足熱)이 건강한 몸의 원칙입니다.

어린 시절 만났던 정신이상자는 열이 넘치니 달리는 속도가 평상시와 비교할 수 없을 정도로 빨라서 따라가기 힘들었습니다. 몇 시간이나 헤맨 뒤에 겨우 그를 발견한 곳은 시냇가였어요. 그는 시냇물에 발을 담그고 물장난을 치고 있었습니다. 몸은 저절로 물을 찾아 달렸을 것이며, 빨리 달리면서 열은 빠져나갔고, 시냇가에 닿자 몸은 저절로 거기에 주저앉았겠지요. 열은 물이 다스리고 물은 불로 다스리는 것입니다.

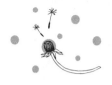

# 짚신도 짝이 있는 이유

'짚신도 짝이 있다'는 말이 있습니다. 동물들은 발정기가 되면 '제 눈에 안경'을 쓰고 짝짓기를 시도합니다. 눈이 멀게 되는 것은 발정기가 되면 눈의 선명함이 떨어지기 때문인데요. 식물도 때가 되면 열매를 맺습니다. 식물의 수정 시기에는 꽃이 핍니다. 식물은 꽃을 피우려고 에너지를 최대한 모아 꽃으로 끌어올립니다. 꽃을 예쁘게 피워 벌과 나비를 유혹하려고요. 모든 꽃이 아름다운 이유입니다.

'짚신도 짝이 있다'는 말은 연애 시기에는 모든 것이 아름답게 보인다는 뜻입니다. 인간의 전 생애를 걸쳐 상대방에게 눈이 멀게 되는 기간은 그리 길지 않습니다. 꽃을 최대한 많이 피우는 것은 건강하다는 뜻입니다. 노인보다 젊은이들이 멋을 부리는 것도 이러한 이유에서죠. 씨앗을 내려면 상대방을 만나야 하고, 원하는 상대를 잘 만나려면 눈에 띄어야 하고, 하필 이것도 한때인지라 발정기가 끝나면 눈이 정상으로 돌아오니 서둘러야 합니다. 제정신을 차리고 나면 상대방의 단점을 보게 되잖아요?

신혼기가 지나고 자식이 생기면 여성과 남성이 아닌 아버지와 어머니, 즉 가족이 된다는 말도 이러한 자연의 법칙을 경험한 데서 나온 말일 겁니다. 그리고 가족으로 살다가 새로운 사람을 만나면 다시 발정기를 맞습니다. 다년생 식물이나 동물에겐 매년 발정기가 찾아옵니다. 새로운 상대방을 만나 씨앗을 퍼뜨리는 것은 자연스러운 일입니다. 남녀가 씨앗 맺는 일이 끝나면 가족이 되어 자식을 돌보며 사는 일에 집중합니다. 양기가 넘치는 젊은이들이 연애를 자주, 그리고 많이 하는 것은 당연한 일입니다.

# 관계의 폭과 고독의 깊이는
# 비례해야 한다

파장이 크려면 뿌리가 넓고 깊어야 합니다. 당산목으로 이용되는 느티나무는 뿌리가 넓게 퍼져나가기에 집 근처에 심지 않고 마을 한가운데에 둡니다. 이런 나무들은 여름에 시원한 그늘을 제공해주지요. 대나무도 뻗어나간 뿌리에서 죽순이 올라와 바람을 막아주는 병풍 역할을 합니다.

생애주기가 짧을수록 뿌리가 깊지 못하고 파장이 작습니다. 참나무나 소나무와 같은 고목이 많을수록 신령스러움이 더해집니다. 정부의 산림자원 정책은 신령스런 나무를 베고 속성나무를 심어 부가가치를 올리는 데 주력합니다. 그만큼 산림 파장을 줄여 폭우나 태풍에 쉽사리 뽑히고 훼손됩니다. 산림은 생태환경 최후의 보루입니다. 그런데 '산림의 자원화'로 고목을 베고 속성수를 심으면 한 그루 나무로부터 비롯된 생태 순환계가 망가지게 되지요.

오래된 나무들의 파장만큼이나 그들의 자태는 홀연합니다. 긴 세월을 지키고 서 있는 나무가 신령스러운 오라를 풍기는 것은 파장의 울림이 큰 만큼 고독도 깊기 때문입니다.

사람도 울림이 큰 사람은 고독합니다. 고독할 수 없는 사람은 세상에 나서지 못합니다. 세상에 나서는 것은 광범위한 관계를 형성해야 한다는 뜻이고, 그만큼 고독의 양을 비슷한 수준으로 안고 가야 한다는 뜻이기도 합니다. 그래야만 자신을 잃지 않고 세상에 나선 이유를 해결한 후 사라질 수 있으니까요.

현명하고 지혜로운 자는 사라지는 시간을 잘 압니다.

# 드라마틱하게 사는 게 젊음이다

'한 우물만 파면 성공한다.' 한 가지에만 매달리면 의도하는 결과를 얻는다는 뜻이지요. 1980년대까지만 해도 수십 번의 실패를 거듭해 사법고시에 합격하는 눈물어린 성공신화가 즐비했습니다. 물론 그만큼 그림자도 많았습니다. 한 우물만 파다가 성공하지 못하면 즉, 출세해서 명예와 권력과 돈을 획득하지 못하면, 폐인이 되었으니까요.

한 우물을 파서 물이 나오면 다행이지만 그렇지 못하면 여기저기를 파야 합니다. 관정업자들은 관정 팔 곳으로 사전 답사를 다녀온 뒤 가능성이 있는 곳을 짚어 물이 나올 때까지 시도합니다.

아이들은 호기심 천국입니다. 호기심 많은 아이들을 울타리에 가두면 동물을 사육하는 것과 다를 바 없습니다. 아이들은 자신이 원하는 삶이 무엇인지 경험을 통해 차츰 알게 됩니다. 그러나 죽을 때까지도 자신이 원하는 삶이 무엇인지 알지 못할 수 있습니다. 현대인들은 결혼하기 전까지 자신의 꿈을 그리면서 살지만, 결혼하고 자식을 낳으면 부모의 삶으로 순간이동하면서 꿈을 묻어둡니다.

요즘처럼 생계 자체가 쉽지 않은 도시 젊은이들이 결혼을 회피하는 것은 어찌 보면 자연스런 양상입니다. 한 세상, 자신이 원하는 삶조차 쉽지 않으니 말이에요. 자신이 원하는 삶이라면 마음을 따라 몸을 움직이면 됩니다. 몸이 건강하면 무엇을 못할까요? 나이가 들어 몸이 따라주지 않으면 마음에만 가득할 터인데 말이죠.

젊은이는 마음을 따라야 하고 노인은 몸을 따라야 합니다.

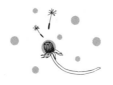

# 영화의 주인공은 '나'

백 년을 산 나무는 얼마나 많은 풍파를 겪었을까요? 전쟁도 보았고 각종 재해도 겪었을 겁니다. 영화는 픽션이지만 완전한 허구는 아닙니다. 영화는 논픽션을 통해 픽션 작업을 하기도 합니다. 영화 같은 인생이 장밋빛일 수도, 회색빛일 수도, 무지개빛일 수도 있습니다.

영화 〈트루먼 쇼〉의 주인공은 자기 인생이 '쇼'라는 것을 알고 탈출을 시도합니다. 누구에게나 자신의 생은 한 편의 드라마입니다. 자신이 추구하는 것이 무엇인지, 생을 어떻게 엮어내고 싶은지 정확히 알면 훨씬 탄탄한 각본을 쓸 수 있을 텐데요. 불행히도 인생이라는 드라마는 자신의 의지만으로 술술 풀리지 않습니다.

달이 차면 기울고, 양이 다하면 움직임이 둔해지는 것처럼 자신의 삶을 되돌아보는 것 역시 온전히 '나' 자신의 몫입니다. 신이 짜놓은 시나리오에 춤을 추는 것도 '나' 자신입니다.

어떤 사람이 깨달음을 위해 산천을 돌아다녀보았지만 결국 부처님 손바닥 안에 있었음을 알았다는 에피소드가 있지요. 어차피 신이 짜놓은 드라마의 주인공은 '나'일 겁니다.

이왕 사는 것 부처님 손바닥에서 드라마틱하게 흥미진진하게 살다 가야지요. 신이 만든 우주에 수없이 많은 우주가 있으니까요.

# 상처는 스스로 치유한다

저는 미처 생각하지 못한 난제에 부딪히면 당혹스럽긴 하지만 어차피 해결되리라고 편하게 생각합니다. 고통이 닥쳐도 '나에게 닥친 이유가 있을 거야'라고 생각합니다. 어렸을 때부터 이렇게 생각한 것은 아닙니다. 스스로 위로하면 한 달 앓을 심통이 십여 일로 줄어듭니다. '시간이 약이다'는 말은 틀리지 않습니다. 실연의 고통도 시간이 지나면 사라집니다. 실연이든 시련이든 시간이 지나면 익숙해지거나 사라지거나 치유할 방법이 생깁니다.

시간은 공간을 떠나면 기억에만 있으며, 선명한 기억도 아스라이 사라집니다. 생명체는 시공에서 살아가니까요. 공간을 떼면 시간은 점차로 사라집니다.

식물은 뜯기거나 베어지면 상처 치료제가 즉각 식물로부터 나옵니다. 고구마는 상처를 스스로 치유합니다. 감자의 상처는 더 썩어가 다른 것까지도 썩게 합니다. 상처 난 감자는 솎아내야 합니다. 습기가 많은 한여름이기 때문입니다. 인도네시아 파뷰니아 종족과 같이 열대지방 사람들이 문명과 떨어져 사는 것은 습도가 높아 감자처럼 상처를 쉽게 옮길 수 있기에 스스로를 보호하려고 문명과 떨어져 사는 것이 아닐까요?

역동적인 삶에서는 상처를 두려워할 필요가 없습니다. 상처는 저절로 치유되니까요. 낫지 않는 상처는 없습니다. 몸이 건강하면 더욱 빨리 낫습니다.

# 순응하면 절망이 없다

태풍, 가뭄, 폭우, 냉해, 우박 등에 농사를 망치면 허탈합니다. 고생스럽게 농사지은 고구마나 콩을 멧돼지나 고라니가 하룻밤 사이에 먹어치우는 일이 농가에서는 빈번하게 일어납니다. 여태껏 없던 벌레들이 들끓어 농작물을 망치는 일도 예사입니다.

한국전쟁 후 보리 고개는 토양이 척박해지고 가뭄까지 덮쳐 굶주림이 예사였던 시절, 씨앗으로 남겨둔 것까지 끼니로 쓰고 싶었지만 '굶어죽어도 씨앗은 베고 죽는다'는 말이 있듯이 우리 농부들은 씨앗을 남기고 차라리 굶어죽기를 선택했습니다. 순응하는 마음을 빨리 배우는 것이 농부입니다. '어쩌랴. 하늘이 그런 것을' 하면서 하늘을 따르는 인간이기에 절망도 쉽게 허락하지 않습니다. 농부의 자세입니다.

물은 아래로 흐르며 장애를 만나면 빗겨 흐릅니다. 불가역적인 병사(病死)도 순응에서 빗겨갈 수 없습니다. 세상에서 제일 쉬운 것은 순응이며 제일 어려운 것도 순응입니다.

물이 흐르는 것은 길이 있기 때문입니다. 길이 있으니 절망은 없는 게지요. 예상보다 늦게 돌아서 가는 것뿐이니까요.

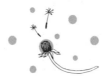

# 하늘은
# 스스로 돕는 자를 돕는다

감당할 수 없을 정도로 심신의 여유가 없으나 정해진 스케줄을 빗나갈 구멍이 없을 때, "행사가 취소되었으면 좋겠다"는 생각을 했습니다. 물론 취소될 가능성이 전혀 없다는 것을 알고 있으면서도요. 그런데 웬일입니까? 2019년에는 돼지열병으로, 2020년 2월에는 코로나 바이러스로 여러 행사가 취소되었습니다. 이런 바람은 간혹 옵니다. 특히 최근 몇 년간 사소한 것부터 생각이 현실로 되곤 합니다.

'하늘은 스스로 돕는 자를 돕는다'는 말처럼 마음의 간절함이 하늘을 감동시키나 봅니다. 인연도 마찬가지입니다. 인연이 아니면 마음의 파장이 강력하지 못합니다. 하늘의 뜻과 마음이 닿아 있기 때문이죠. 제아무리 뜻이 있어도 하늘의 기운이 움직이지 않으면 별 수 없습니다.

그런데 하늘의 기운을 움직이는 것을 가만히 살펴보면 '사악'한 것이나 '사익'을 취하는 것은 그리 되지 않습니다. 나의 이익을 취하되 남을 해하지 않을 때, 또는 공익이 따를 때 하늘은 스스로 돕지요. 하늘의 뜻이 땅에서 이루어지듯이 하늘의 뜻을 잘 헤아리는 것 또한 인간의 도리라고 생각합니다.

2020년 초봄. 몸이 심상치 않게 불편했습니다. 바람에도 예민하게 반응하고, 경험하지 못한 통증도 수시로 옵니다. 병증이 오는 것은 심신을 잘 보살피라는 신호라는 것을 잘 압니다. 하지만 급작스런 경고는 간혹 큰 당혹감을 불러일으킵니다.

하늘이 나에게 어떤 배움의 기회를 주려는지 생각해봅니다. 하늘은 스스로 돕는 자를 도우니까요.

2016년 불거진 '최순실-박근혜 게이트'는 민중을 깨우는 불쏘시개로 사용되었는데요. 아마도 그 두 사람은 '우주의 기운'을 잘못 이해한 듯싶습니다. 우주의 기운은 본디 선을 실현하기 위해 작동하니까요.

# 깨어 있으라

성경을 보면 예수님께서 "깨어 있으라"고 말씀하십니다. 깨어 있다는 것은 무슨 뜻일까요?

과학 문명이 준 편리한 생활이 우리의 감각을 죽인 지 오래입니다. 오감이든 육감이든 이제는 모든 감각이 둔해졌습니다. 생활이 분주하니 자신의 몸에 귀 기울이지 않습니다.

모세는 십계명을 받기 전에 광야에서 40일간 단식했고, 수운 최제우 역시 40일간 단식하며 하늘의 소리를 들었습니다.

무당들은 신을 모시려고 신당수를 떠놓고 새벽기도를 드립니다. 평범한 사람도 조용한 곳에서 몸에 집중하면 몸의 감각을 읽게 됩니다. 몸을 일깨우면 미미한 증세도 예민하게 느낍니다. 몸을 깨우는 것이야말로 질병을 치유할 수 있는 첩경입니다. 어떤 방법이 있을까요?

우선 간명한 생활로 묵연하게 관조하여 세상의 소리를 들어야 합니다. 간절함은 이렇듯 깨어 있는 몸을 통해 마음으로 전달됩니다. 몸과 마음은 하나입니다. 몸에서 시작하든 마음에서 시작하든 서로의 작용을 통해 수만 리까지 전달되지요. 통찰력은 심신이 깨어 있어야 얻을 수 있습니다.

문명으로부터 멀어질수록 몸이 깨이는 것은 자명합니다. 씨앗 하나의 폭발력은 발아되어 거대한 숲을 이루고 온 지구를 덮는 것입니다. 소설 『홍길동』에서 수십 명의 홍길동이 탄생되던 순간을 떠올려보세요. 우리는 깨어 있을 때, 씨앗의 빅뱅과 같은 힘으로 자기 복제를 통해 거대한 산을 이룰 수 있습니다. 숨죽여 온갖 생명의 소리를 들을 수 있고 심지어 귀신의 소리까지 듣게 됩니다. 이 모든 것은 깨어 있는 자에게만 가능합니다. 하늘은 하늘의 소리에 늘 귀 기울이며 '깨어 있는 자'를 돕는 것이 아닐까요?

# '의사'는 수행자이자
# 인세를 구하는 혁명가였다

미각(味覺), 촉각(觸覺), 시각(視覺), 청각(聽覺), 후각(嗅覺).
오감(五感)은 사람에 따라 약간씩 강하거나 약할 수 있습니
다. 육감(六感)도 있습니다. 육감을 동물적 본능 혹은 직관
력이라고도 말합니다. 직관력이 뛰어난 사람은 영감이 발달
합니다. 육감이 발달한 사람들은 자연과 교감이 뛰어나고,
상황 판단력이나 상상력이 뛰어납니다. 육감을 넘어 영감
이 발달하면 영매에 접신해 귀신과 대화하며, 하늘의 소리
를 듣고 예언도 합니다. 이들의 에너지 파장은 남다릅니다.

　동물과 식물이 감응하듯 인간도 그렇습니다. 터의 기
운, 집단이 내뿜는 기운을 느끼는 사람, 공간과 시간의 기운

을 몸으로 느끼는 사람은 치유의 능력을 갖습니다. 전통적으로 종교 제사장, 샤먼, 예언자들이 치유의 능력을 가졌습니다. 직관력은 영감입니다. 육감, 직관력은 자기 몸의 흐름을 예민하게 관찰하면서 계발할 수 있습니다. '도(道)'를 '통(通)'하면 영감을 얻습니다. 한의학에서 경락이 막힘없이 열리면 도인(道人)이라고 했습니다. 사람과 터의 기운을 읽고, 귀신을 접하고, 하늘의 뜻을 접하면 도사가 되는 것이지요. 붓다도 도통했고, 예수도 도통했으며, 수운 최제우도 도통한 사람입니다.

도통하면 개인의 삶에서 인간 세상을 구하는 삶으로 본질이 바뀝니다. 부족사회의 제사장이나 예언자 모두 인세를 구하는 삶을 살았습니다. 예수도 붓다도 해월도 스스로 몸을 닦고 수행하는 수행자였으며, 그들의 능력으로 질병을 치료하는 '의사'였으며, 하늘의 뜻을 전하는 예언자였습니다.

옛날 의사들은 돈이나 권력 명예를 구하는 삶이 아니라 인간세상을 구하는 삶을 사는 진정한 수행자이자 도인이었습니다.

# 심기를 다스려라

야생식물은 무한 초형이 많습니다. 야생은 생존 조건이 험악하므로 더 많이 번식하려고 무한대로 꽃을 올립니다. 그렇다면 사람은 나이가 들면 성 에너지가 줄어들까요? 나이가 들면 음기가 양기를 앞서가지만 성 에너지인 양기가 완전히 없어지는 것은 아닙니다. 여성이 나이가 들면 저절로 알록달록한 옷을 좋아하는 것은 화려하고 알록달록한 색깔의 옷이나 치장을 통해 사라지는 성 에너지인 양기를 보충하려는 자연스런 현상입니다. 건강한 식물이 더 오랫동안 꽃을 피우는 것처럼 사람도 마찬가지입니다.

성 에너지를 '열정'과 붉은색으로, 종종 심장과 하트로 표현합니다. 심장은 나이를 먹을수록 박동 수가 느려지더라도 심장이 건강한 사람은 성 에너지도 오랫동안 유지합니다.

성 에너지는 이성으로 향하는 마음만을 의미하지 않습니다. 사랑하는 마음은 다양한 대상에게 다양한 모습으로 나타날 수 있습니다. 일과 신념에 대한 열정, 여러 사람을 보살피는 열정, 따뜻한 마음 등으로요.

'심기(心氣)가 불편하다'라는 말이 있습니다. 심기가 불편하면 몸으로 표현됩니다. 심기는 심기로 끝나지 않습니다. '늙은 사람이 추태를 부린다'는 것도 '성 에너지'의 심기가 타인이 불편하도록 행동으로 나타난 모습이지요. 나이가 들수록 '심기'를 잘 다스리는 것이 중요합니다. '심기'를 다스리지 못해 폭력이 발생하는 것이겠지요. '성 에너지=마음=심기' 하나의 다른 표현입니다. 심기가 불편한 노기나 화기는 몸을 통해 성 에너지를 폭력적이거나 왜곡시켜 드러낼 수 있습니다. 늙어갈수록 '마음=심장'을 잘 다스린다는 것은 심기를 잘 다스린다는 말이겠지요. 마음을 잘 다스려야 몸을 잘 다스릴 수 있습니다.

# 순환의 단절
## 거머리와 공생의 거절

탈모를 치료하려면 머리의 열을 아래로 내려야 합니다. 열이 머리로 몰리면 어혈이 생기고 어혈은 머리카락이 나올수 있는 통로를 막아버립니다. 인도에서는 대머리를 치료하는 방법으로 머리의 어혈을 뽑아내려고 거머리를 머리 위에 올려놓습니다. 모내기를 하거나 피를 뽑으려고 논에 들어가면 거머리가 종아리에 들어붙어 피를 빨아 먹습니다. 거머리는 어혈을 없애 혈액 순환을 원활하게 해준 셈이지요. 무분별한 농약 사용으로 거머리도 없지만 요즘엔 손모내기나 피사리가 없고 대부분 기계로 농사를 지으니 거머리라는 좋은 치료를 받을 기회를 놓친 셈이지요.

나이가 들면서 탈모가 되는 이유는 스트레스가 과도하거나 몸이 자주 피곤하여 열이 아래로 내려가지 못하고 머리로 오르기 때문입니다. 몸의 기혈 순환이 원활하면 머리로 오르는 열도 다스릴 수 있고 탈모도 진행되지 않습니다. 기혈 순환을 혈액 순환으로 바꿔 말할 수 있습니다. 혈액 순환이나 기혈 순환은 곧 생태 순환입니다. 사람의 몸이든 자연이든 순환이 원활해야 매사가 순조롭습니다. 순환이란 공생 공존의 원리를 포함하고 있는데 거머리를 없애버린 농약은 공생 공존의 순환을 망가뜨린 셈이죠.

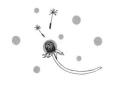

# 호흡이 빠를수록
# 수명은 짧아진다

호흡의 속도와 수명은 반비례합니다. 호흡이 빠르고 몸의 크기가 작은 동물은 수명이 짧습니다. 호흡이 빠르면 생체 순환계의 속도가 빠릅니다. 생체 시계가 빠르면 노화가 빨리 진행됩니다. 호흡과 맥박은 생명 에너지의 역동성을 드러내는 지표입니다.

식물은 어떨까요? 식물은 동물이나 곤충과 달리 동적이지 않습니다. 따라서 식물의 호흡은 밤낮으로 이루어지고, 나무일수록 호흡은 느리게 전개됩니다. 밤낮으로 탄소 동화작용을 한다면 생태 순환계가 빨라져 노화 속도가 빠릅니다. 마찬가지로 닭도 사육장에서 밤에 불을 켜놓으면 잠을 자지 못하고 알을 더 많이 낳습니다. 역시 노화를 앞당깁니다. 수확량을 올리려고 애쓰는 비닐하우스나 닭 사육장에서 흔히 볼 수 있는 풍경이지요.

인간 외에도 식물과 동물의 호흡과 수명은 똑같이 반비례합니다. 신생아의 이완기혈압(최저혈압)은 30~50mmHg이며, 수축기혈압(최고혈압)은 60~90mmHg입니다. 맥박은 120~140이며 호흡수는 30~60입니다. 유아의 최저혈압은 60mmHg이며, 최고혈압이 80~90mmHg입니다. 맥박은 신생아보다 작아 100~120입니다. 호흡수는 30~40입니다. 청장년은 최저혈압이 60~85mmHg이며, 최고혈압은 120mmHg입니다. 맥박은 60~80, 호흡수는 12~18이죠.

나이 들수록 혈압이 높아지고, 맥박과 호흡수는 감소합니다. 생명력의 크기가 줄어드는 거예요. 난제에 부딪혔을 때 두려워하지 말고 숨을 크고 길게 내쉬면 통증이 사라지듯이, 생명력의 크기를 늘리려면 들숨과 날숨의 크기를 조절하여 맥박과 호흡수를 늘리는 운동을 하는 것이 건강을 유지하는 데 좋습니다.

# 숨이 중한 이유

'숨통을 트다.' '숨을 죽이다.' '숨이 막히다.' 숨은 생명의 시작이자 끝입니다. 숨은 삶의 시간입니다. 숨이 떠나는 것을 죽음이라고 합니다. 깊은 잠을 자도 숨을 쉬고 있습니다. 숨 쉬는 것을 자각하지 못할 뿐이지요. 가장 흔하고 가장 많은 것에 가장 소중한 것이 있습니다.

숨을 잠시 쉬는 것, 지식(止息)을 하는 것은 몸을 충전하는 좋은 호흡 방식입니다. 몸에 통증이 있을 때, 두려움과 공포가 몰려올 때, 마음을 가다듬어야 할 때, 들숨을 크게 하면서 잠시 숨을 멈추고, 날숨을 길게 하면 두려움과 공포, 통증이 감소됩니다.

생활에서 쉼이 필요하고 인생에서 쉼이 필요한 이유입니다. 숨통을 트려면 숨을 잠시 멈춰 길게 내쉬어보세요.

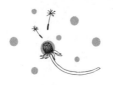

# 숨이 멈추는 것은
# 지구의 시간이 끝나는 것

들숨과 날숨을 합친 호흡은 4초입니다. 지구가 자전축의 1도를 회전하는 시간은 240초이며 4분(分)에 해당합니다. 지구가 10도 회전하는 시간은 40분이며, 이는 경맥(經脈)의 '유주(流注)시간'입니다. 한의학에서는 기혈이 순환되는 통로를 '경맥'이라고 하는데요, 이 경맥이 한 바퀴 도는 시간을 유주시간이라고 합니다. 지구가 360도 회전하는 시간은 24시간에 해당합니다.

『황제내경』에 따르면 하루 24시간은 경맥이 50바퀴를 도는 시간입니다. 경락의 흐름이 원활하지 않거나 느리거나 통하지 않고 막히면 질병이나 노화로 가며, 호흡이 가늘고 느려지면서 정지되면 경맥의 흐름도 느리다가 멈추면서 생명 활동도 끝입니다. 생명활동이 끝난다는 것은 지구의 시간이 끝난다는 것이겠지요.

# 목이 중요한 이유

신체에 주요한 목이 있습니다. 발목, 손목, 목. 가장 중요한 것은 두뇌와 몸을 연결하는 목입니다. 목에 있는 숨, 목숨입니다. 호흡은 경추, 목을 사이에 두고 머리와 장부와 사지를 연결합니다.

손목과 발목은 장부와 사지를 연결합니다. 손목과 발목은 몸의 숨입니다. 손목과 발목이 틀어지면 장부와 연결돼 장부가 틀어지고, 장부는 신체의 중추인 척추로 연결돼 있습니다. 손목과 발목은 척추를 기본으로 신경계의 끝이자 시작입니다. 따라서 숨을 연결하는 손목, 발목, 목을 중요시해야 합니다.

물론 그중에서 가장 중한 것은 목숨입니다. 임종 시의 모습을 관찰해보면 목에서 숨이 막히며 목을 떨굽니다.

항상 목을 잘 다스려야 합니다. 길목도 그렇습니다. 길목은 천천히 사방을 잘 살펴야 합니다. 길목에서 사정없이 돌진하면 큰일이 일어날 수 있습니다. 인생의 길목도 그렇습니다. 인생의 길목에서는 넓은 시야를 확보하기 위해 찬찬히 살펴야 합니다.

'목(目)'은 곧 눈입니다. 목에서는 조심스럽게 눈을 뜨고 바라봐야 합니다. 목, 발목, 손목의 눈을 떠야 척추가 바로 잡히고 건강하게 살 수 있습니다.

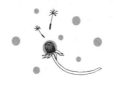

# 소리와 호흡으로 조절하는 '숨'

소리의 중요성은 이미 말했습니다. 소리는 어떤 말을 많이 하느냐에 따라 오장육부의 몸 건강과 연결됩니다. 소리로 오장육부의 허실을 다스릴 수 있습니다. 그러므로 본인이 하루에 가장 많이 내는 소리가 무엇인지, 소리의 높낮이가 어떤지 알면 마음의 상태를 알 수 있고, 몸과 마음의 상태를 교정하려면 자주 내는 소리를 교정하면 됩니다.

옛날에 조상들은 소리 내어 읽기를 하면서 마음을 닦기도 했습니다. 또한 티베트 불교의 진언인 '옴마니반매훔(oṃmaṇi padme hūṃ)'은 소리를 통해, '시천주조화정영세불망만사지(侍天主造化定永世不忘萬事知)'라는 동학의 가르침

21자도 소리를 내어 주문을 외우는 것으로 수행합니다.

'소리 내어 쓰기'도 훌륭한 수행 방법입니다. 불경과 성경을 소리 내어 몇 번이고 쓰곤 하지요. 모두 소리와 호흡의 원리입니다.

소리는 진동으로 근육을 진동시킵니다. 서양의학에서 말하는 신경 분포와 한의학에서 말하는 경맥은 유사합니다. 신경은 곧 정신과 마음의 흐름입니다. 흩어진 골격을 바로잡으려면 근육을 움직이고, 근육을 움직이려면 경맥을 다스려 기를 통하게 하고, 경맥은 소리와 호흡으로 조절합니다. 생명의 시작과 끝, '숨'으로 돌아왔습니다.

# 태아의 발달과정은
# 무엇을 의미하는가?

정자가 여성의 몸으로 들어가 난자와 결합하는 과정은 영혼이 우주의 긴 터널을 지나 지구의 핵에 도달하여 융합하는 과정과 흡사합니다. 난자에 도달한 올챙이 모양의 정자는 난세포에 결합하고, 그 작은 한 점이 10개월을 거치는 동안 인간으로서의 완전체로 되어갑니다.

첫 개월은 심장이 생기고 뇌가 생깁니다. 생명은 심장과 두뇌가 연결될 때 가능합니다. 오장육부가 생기고 두뇌 구조가 형성되고 사지가 생깁니다. 이런 과정은 아메바에서 해마로, 해마에서 개구리로, 개구리에서 인간의 형체로 만들어지는 과정입니다. 한 점의 생명이 인간으로 진화하

기 전까지 생물의 변이과정, 즉 물에서 양서류로, 다시 뭍으로 나온 직립인간을 말해주는 듯합니다.

　오장육부의 생성과정은 오장육부를 어떻게 다스릴지에 대한 정보도 줍니다. 양수에 있는 태아는 배꼽을 통해 영양분을 공급받고 세상 밖으로 나오는데요, 이때 탯줄이 잘리고, 자연환경 속에서 독립적인 생명으로 살아갑니다. 토마토나 참외와 같은 열매채소가 익으면 양분을 전달하던 꼭지가 떨어지는 것과 같습니다. 10개월 된 태아는 유전자를 통해 40억 년의 생명 역사가 장부와 뇌, 몸으로 입력됩니다. 신생아들이 물을 좋아하고, 어두운 곳을 선호하는 것은 태아기 환경을 몸이 기억하기 때문입니다. 생명의 역사가 입력된 신생아는 세상 밖으로 나와 세상과 접촉하면서 수억 년의 기억들을 펼칩니다. 씨앗이 세상을 뚫고 나와 꽃이 피고 열매를 맺고 때가 되면 사라지는 과정과 조금도 다르지 않습니다.

# 씨앗에서 생명으로

# 더 많이 더 많이

농사를 지을 때 가장 중요한 것이 무엇일까요? 농민과 농업 기술을 연구하는 사람들은 농사의 최우선 과제를 '생산량'에 둡니다. 종자 회사마다 수확량이 많은 종자를 경쟁하듯 육종해서 출시하는 배경입니다. 출시하는 고추 이름만 봐도 사정을 짐작할 수 있습니다. '슈퍼 고추', '많이 따 고추', '다다기 고추' 같은 것들이 주를 이룹니다. 나무랄 일은 아닙니다. 수확량은 곧 농가 소득과 연결되잖아요.

자급 농사를 하던 시절에도 수확량을 높이기 위해 여러 가지 방법을 강구했습니다. 씨앗 한 알에 50개 달리는 것보다 500개 달리게 해야 마음 놓이는 게 경작자의 마음이니까요. 채집을 일삼던 시대에는 어떠했을까요? 그때도 사람들은 나름대로 많은 양을 채취했다고 생각했지만 당시에는 운반도 힘들고, 저장도 마땅치 않아 당장 먹을 것만 가져와야 했습니다.

정착 농경이 시작되면서 저장 기술과 운송 수단의 발달이 이루어집니다. 그 결과 상업이 활발해지면서 수확량이 곧 부를 가늠하는 잣대로 작용합니다. 축적을 많이 한 사람이 부자가 되는 것이지요. 이후 과학 문명이 더욱 발달하면서 수확량과 축적의 극대화는 곧 돈의 축적으로, 돈의 축적은 다시 권력 쟁취로 이어집니다. 이제 생산량의 극대화는 다수가 거부할 수 없는 목표가 되었습니다.

수확량과 소득이 제1의 가치가 된 이유는 무엇일까요? 저는 그 배경을 씨앗을 통해 분석해보았습니다. 토종씨앗을 조사하고 수집하다 보면 종종 80대 할머님들과 이야기를 나누게 됩니다. 80대면 저의 부모님 연세죠.

1970년대 초반, 아버지께서는 양조장에서 일하셨습니다. 우리 가족은 어느 농사꾼 집에 세를 들어 살았는데요. 어머니와 저는 누에를 키우는 주인집을 도와 뒷산에 있는 뽕잎을 따오곤 했습니다. 누에들이 뽕잎을 갉아 먹던 장면은 지금도 눈에 선합니다. 때로 우리는 수확한 논에서 올미도 캐 먹었습니다. 우리 집은 직접 농사를 짓지는 않았지만 농사와 관련된 일을 했던 거죠. 마을에 신작로가 생겼고 우리들의 신발은 고무신에서 검정 운동화로 바뀌었습니다. 그 다음엔 흰색 운동화로 바뀌었지요. 이때 많은 사람들이 도시를 동경하여 농촌을 떠나 도시로 나갔습니다. 특히 젊은 이들이 그랬습니다. 대부분의 농가에서 씨앗을 직접 받아 농사를 지었던 시절이었죠.

1980년대에는 나이키 운동화가 열풍을 일으켰던 시절이었죠. 시멘트에서 전국이 아스팔트로 바뀌던 시절이기도 했습니다. 정부에서 고추 모종과 비닐을 나눠주었습니다. 수확량이 월등히 좋아지고 풀도 덜 맬 수 있어서 대다수 농가에서는 그때까지 심던 씨앗을 포기하고 매년 시장에 나오는 고추 모종을 사서 심었습니다. 할머니들도 마찬가지였어요. 배추 씨앗을 사고 더 나아가 모종을 사면서 대물림되던 씨앗을 버렸습니다.

1990년대가 되었습니다. 대부분의 사람들이 운동을 하지 않아도 쿠션 있는 스포츠 운동화를 신고 다니는 시대였습니다. 우리나라는 어느새 풍요로운 대한민국이 되어 있었지요. 그 이면에는 대물림된 씨앗을 버리고 '소득 작물'에 집중했던 농사 방식의 변화가 자리합니다. 알이 굵고 잘 터지지 않는 메주콩, 들깨, 참깨 등 마을회관을 거점으로 나라에서 보급하는 종자들이 대거 들어오고, 조선오이를 심었던 농민들이 가시 많은 파란 오이를 심어 서울에 팔아 돈을 벌어들이자 마을사람들은 너도 나도 조선 오이 대신 개량 오이 종자를 사서 밭에 심었습니다. 농산물 유통업자가 홍당근 씨앗 깡통을 가져와 재배를 요청하고 전량을 수매하니 마을사람들 모두가 토종씨앗을 버리고 개량씨앗을 사게 되었습니다. 자식 교육마저 힘에 부쳤던 농부들이 '돈이 되는 농사'로 몰리는 것은 어쩌면 매우 당연한 일이었는지도 모릅니다.

이런 시절이 30년 훌쩍 넘게 계속되었습니다. 그 결과 이제 씨앗 받는 농사의 경험과 오래된 지혜는 사라지고 전 농민이 농업기술센터와 농약사에 의존해야만 하는 '의존 농사'의 시대가 된 것입니다.

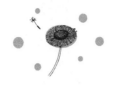

# 맛보다 수확량으로

씨앗 받는 할머니들은 '맛' 때문에 씨앗을 이어왔어요. "귀신은 제사 때 집간장 냄새를 따라 온다"는 속담을 아십니까? 장맛이 한 집안의 문화를 대표한다는 뜻인데요. 우리 조상들은 "사람은 새로 얻어도 집간장은 얻어 쓰지 않는다"고 하면서 항상 '집안 고유의 맛'을 유지하게 해주는 '씨간장'을 남겨 매해 간장을 담갔습니다. 그래서 대물림으로 가장 많이 남아 있는 것이 메주콩입니다.

이 밖에 밥에 넣어 먹는 밥밑콩도 식구들의 식성에 따라 몇 가지를 유지했습니다. '한 해에 두 번 심어 먹을 수 있다'고 하여 두벌콩이라 부르는 키 작은 강낭콩은 밥에 넣어나 반찬으로 쓰였기에 그래도 많이 남아 있는 편입니다.

옛날 녹두는 알이 작고 볼품도 없지만 맛이 좋아 자급용으로만 남기고, 시장에서 파는 것은 때깔 좋고 알이 큰 개량종으로 대체했습니다.

옥수수도 토종은 크기가 작습니다. 하지만 맛이 좋아 간식용으로 오랫동안 보존했습니다. 남부 지방에는 아직도 물고구마가 남아 있는데요. 사방 천지에 호박고구마가 넘쳐 나는 시장에서 물고구마는 이제 아주 귀한 것이 되었답니다. 그 이유가 무엇이냐고요? 남부 지방에서는 여전히 고구마줄기로 김치를 담거나 묵나물을 해먹기 때문입니다.

들깨는 어떨까요? 수확해서 낱알로 파는 들깨는 알이 큰 개량종입니다. 기름을 짜는 들깨는 옛날들깨나 참깨지요.

그렇다면 어떤 종류의 씨앗이 대체로 잘 보존되었을까요? 맛을 결정하는 장이나 밥에 넣는 것, 혹은 반찬을 할 때 사용하는 양념이나 호박, 토란 등의 씨앗입니다. 이것들은 다른 씨앗에 비해 많이 수집되었습니다. 제가 살고 있는 곡성은 토란으로 유명한데요, 재래종 토란이 아니고 알이 굵은 개량 토란을 많이 키웁니다.

지역 특산물이라 불리는 상품에는 함정이 숨어 있습니다. 대개 지역에서 유명한 생산물은 지자체에서 만든 브랜드인 경우가 많습니다. 지역에서 대대로 전해지고 애써 혈통을 지켜온 것들과는 거리가 멀다는 뜻입니다. 이를 테면 성주 참외. 진주 딸기, 나주 배, 영주 사과, 보은 대추 등은 과수도 수확량이 많고, 열매가 빨리 달리며, 해걸이가 없는 개량 과수들이 주종을 이룹니다.

어린 시절 먹었던 '그 맛'은 다 어디로 가버린 것일까요? 그때의 그 맛을 찾기란 이제 너무나 어려운 일이 되었습니다. 너나 할 것 없이 빨리 달리고, 많이 달리고, 커다란 새 품종에만 열광하는 시대가 되었으니 말입니다. 높고 넓은 아파트와 커다란 자동차가 도시인의 삶에서 중요하듯이 이젠 농민들도 농산물의 맛보다 크기와 수량을 최우선 기준으로 삼게 되었습니다. 상업농은 부가가치와 판매량으로 움직이니까요.

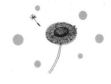

# 어쩌다 소득에만
# 관심을 갖게 되었을까?

농민들도 수확량(소득)에 관심이 많습니다. 자본주의 사회를 살아가는 우리에겐 당연한 일일 겁니다. 도시인들이 연봉에 촉을 곤두세우고, 사업을 하는 사람들이 한 푼이라도 이익을 더 남기려고 전전긍긍하는 것과 같은 이치입니다.

농민의 입장에서는 수확량도 많아야 하지만 유통이 용이한 것을 찾습니다. 농민이 유통까지 담당하기에는 벅찬 상황이니까요. 그래서 농민은 유통회사가 선호하는 것을 재배합니다. 유통회사는 물류가 용이하도록 포장재를 규격화합니다. 그러니 농산물은 클수록, 많을수록 인기가 많습니다. 거기에 (수익이) '높을수록'만 추가되면 금상첨화라 생각하지요.

생산자나 소비자나 이 입장은 같습니다. 사과도 같은 가격이면 알이 더 크고 수량이 많은 것을 구매합니다. 농민 입장에서는 돈이 많이 들어오니 좋은 것이고, 소비자 입장 에서는 상대적으로 돈을 적게 지불하니 좋습니다.

그러니 씨앗은 당연하게 수확량이나 때깔이 좋은 씨 앗을 선호합니다. 호박고구마가 고구마 시장을 평정한 것 도 그와 같은 이유입니다. 몇 년 전부터는 당도가 훨씬 높 은 꿀고구마를 선호합니다. 농민들은 재빠르게 호박고구마 에서 꿀고구마로 바꿉니다. 그러니 하나의 씨앗을 계속 유 지할 수도 없으며 다양한 품종의 농산물이 시장에 나올 턱 이 없습니다. 농산물에는 농민의 땀과 얼굴이 필요 없습니 다. 물론 여기에는 소비자의 성향도 거의 배제됩니다. 소비 자는 마케팅 전략에 의해 소비 풍토를 바꾸기도 하니까요. 농민과 소비자 사이에 있는 기업은 오로지 '최대의 이윤'에 의해 움직이니 농민이나 소비자나 '이윤'에 의한 희생양입니 다. '이윤의 극대화'에 씨앗에서 다시 씨앗으로 돌아가는 생 태적 순환의 고리가 있을 턱이 없습니다.

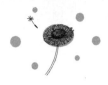

# 농사 방식은
# 생활양식과 맞물린다

만물은 제각각입니다. 그런데 요즘 세상은 자꾸 한쪽으로만 향하는 것 같아요. 크고 많은 쪽으로 말입니다.

농사에서 크고 많은 것이 최고 가치가 되면 무엇보다 먼저 영양제를 많이 쓰게 됩니다. 본디 씨앗은 제 크기가 있는 법인데도 씨앗마저 개량합니다. 이렇게 개량한 씨앗에 영양제를 듬뿍 줍니다. 옛날에는 구정물, 똥거름, 잔재물 등 집이나 밭에서 나오는 부산물들을 적극 이용했습니다. 충분히 발효시킨 똥거름도 사용했습니다.

하지만 도시에 채소를 파는 근교 농업이 번창하면서 농사의 규모가 커지자 거름양이 충분하지 않자 농민은 도시에서 인분을 마구 퍼 날라 배추밭에 뿌리게 되었습니다. 제가 어렸을 적 매년 기생충 약을 먹었던 이유입니다. 잘 발효한 분뇨를 쓰면 그런 일이 없었을 텐데요.

제가 1970년대 말 중학생일 때만 해도 우리 집 화장실은 재래식이었고 똥차가 와서 똥거름을 퍼 날랐습니다. 1980년대가 되어서야 수세식 화장실로 개량했는데 바로 이때 농사는 똥거름에서 화학비료 사용으로 옮겨갑니다. 그리고 농사에 사용되었던 인분은 수세식을 통해 하수구로 버려졌고 정부는 하수도 정화시설에 많은 예산을 투여했습니다. 곧 도시에 이어 농촌도 차츰 수세식 화장실로 바꿉니다.

농사 방식의 변화는 생활양식의 변화와 맞물립니다. 수세식 화장실이 대중화되면서 여러 변화가 생깁니다. 수세식은 일단 물을 많이 사용하잖아요? 따라서 물을 많이 쓰게 됩니다. 수세식 화장실과 함께 욕실 문화가 생기고, 전기세탁기가 집집마다 필수품으로 등장합니다. 화장실 하나 실내로 들어왔을 뿐인데 결과는 엄청납니다.

전국에 거대한 댐 공사가 시작되었거든요. 집 안으로

들어온 화장실과 세탁기, 그리고 목욕 문화가 이전에는 상상조차 하지 못했던 엄청난 양의 물을 사용한 것입니다. 정부는 농촌마을을 수장시키고 청주댐, 주암댐, 대청댐 등 전국에 거대한 댐 공사가 이어졌습니다.

1980년대엔 저층 아파트가 주를 이루었습니다. 그러다가 1990년대가 되면 신도시 건설을 계기로 주택 문화가 고층아파트 중심으로 전환합니다. 고층 아파트가 세워지고 거대한 쇼핑센터가 들어서면서 동네 슈퍼마켓이나 점포들은 문을 닫고 쇼핑센터 안으로 필요한 모든 상권은 흡입됩니다.

이로써 도시와 농촌이 완전히 단절되고 농촌과 농업은 거대 상업 도시에 기생하면서 작금의 농업방식, 즉 농사에 소요되는 모든 자재는 돈으로 사고 유통회사에 의해 농산물 생산이 좌지우지됩니다. 농사 규모가 커야 유통회사와 상대를 할 수 있게 되면서 소농은 설 자리를 잃습니다. 기계화와 규모화 그리고 특작화는 농업 인구의 고령화와 더불어 농촌을 최악의 상황으로 몰고 갑니다.

연로한 농부들 입장에서 직접 만들어 쓰는 거름이 편

할까요, 아님 돈만 내면 살 수 있는 화학비료나 퇴비가 편할까요? 제초제도 경운기도 마찬가지입니다. 사용하기 편하니까 애용합니다. 기계가 작동하니 마을 품앗이도 필요 없습니다. 사람의 손이 기계로 대체되면서 농촌에서도 이웃과 차츰 단절됩니다. 계절 없는 하우스 농사가 농촌을 지배하면서 농사일은 이제 공장화되었습니다.

한때 낙농이 돈을 벌어주던 시절이 있었습니다. 농부들이 너도 나도 낙농으로 업을 전환하면서 건국대의 축산과가 인기를 끌었습니다.

1985년 맥주를 마시며 치킨을 즐기는 가게들이 하나둘 생겨나고, 1988년 올림픽이 한창일 때 양계 농가가 늘어갑니다. 양계 농가는 시골에서 부자로 통했습니다.

1990년을 경과하며 프라이드치킨 집이 난립하더니, 뒤이어 양돈 농가가 대세로 떠오르고 도시에서는 삼겹살 문화가 주를 이룹니다. 화학비료를 사용하고 양계 농가에서 나온 분뇨는 퇴비로 사용했습니다. 그러다가 양돈 농가가 우후죽순 생기면서 축산 농가의 분뇨 처리 문제가 발생합니다.

2000년에 접어들면서 화학비료에서 가축 분뇨를 식물 퇴비로 만들기 시작합니다. 지자체에서는 농민에게 값싸게 가축 분뇨 퇴비를 공급하면서 화학 비료 지원금을 철회합니다. 이로써 매년 입춘이 되면 마을 입구에 검은 비닐에 쌓인 가축 분뇨 퇴비가 농촌의 대부분의 농가에 배달됩니다. 마침내 퇴비와 비닐, 그리고 기계가 한 덩어리로 움직이며 농촌을 지배하게 된 것입니다.

생활양식의 변화는 농사 방식의 변화를 불러왔습니다. 생활 잔재물이 농사에 이용되었던 것이 인구가 집중된 거대 도시의 발달은 새로운 순환 고리를 고려해야 했습니다. 도시의 위생과 편리함 추구로 인해 농촌과 분절되고, 농촌은 거대한 육식 문화를 일부 감당하는 한국 축산업의 분뇨를 해결하게 되었던 것입니다.

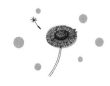

# 씨앗도
# 삶의 변화와 함께

씨앗은 종자 회사나 국가에서 보급합니다. 1992년, 홍능 종묘사가 우루과이라운드 협상 후 외국에 팔립니다. 우리는 그 대신 자동차를 얻어왔습니다.

1980년대만 해도 아파트 주차장에는 자가용이 드물었습니다. 그러던 것이 1990년대에 이르자 '마이카' 시대를 표방하면서 자가용이 대거 늘어납니다. 기아자동차와 현대자동차, 그리고 대우자동차에 이르기까지 기업들은 서로 경쟁하면서 자가용 시대를 열었습니다. 그러더니 1990년대 말부터 2000년대 초 대우자동차가 파업하기 전까지 우리나라는 자동차 전성시대를 누립니다.

씨앗을 판 자리로 자동차와 전자제품이 들어옵니다. 휴대폰도 들어옵니다. 2000년대는 휴대폰이 필수품이 됩니다. 그리고 아주 짧은 시간 내에 인류는 디지털시대를 맞이합니다.

재래종 씨앗이 거의 전멸한 것이 2000년입니다. 현재 유전자원센터에 남아 있는 재래종은 1986년에 수집한 것들입니다. 씨앗은 그냥 사라진 걸까요, 정말 씨앗만 사라진 걸까요? 혹시 우리의 삶에서 씨앗과 함께 사라진 것은 없을까요?

1980년 전에는 동네마다 '점방'이 있었습니다. 그러다가 1980년대 후반이 되면 '슈퍼'란 이름을 단 가게들이 생깁니다. 슈퍼들은 점점 몸집을 키우더니 급기야 어마어마한 규모의 대형 슈퍼로 변신합니다. 우리나라에는 1994년 이마트가 처음 포문을 열었고, 1996년에는 도시별로 대형 마트가 들어섭니다. 그랜드백화점이나 킴스클럽 등이 점차 사라지면서 이어 홈플러스 시대가 됩니다. 가락동에는 농수산물 시장이 들어섰고요. 그 이후 1990년대 후반부터 대형 마트가 우리 상권을 좌지우지하게 된 것입니다.

농민과 소비자에게 동일하게 적용되었던 기준이 값싼 식재 공급인데요. 그즈음 가정에 전자레인지가 사용되기 시작합니다. 전자레인지가 가정의 필수품으로 등장하자 각 시장은 쉽게 조리하거나 데워서 바로 먹을 수 있는 가공식품과 냉동식품을 경쟁적으로 내놓습니다. 해외에서 유통되던 패스트식품들이 슈퍼의 좋은 자리를 장악하면서 우리 농산물은 점점 선반 뒤쪽으로 밀려납니다.

씨앗 하나 다국적 종자에게로 넘어갔을 뿐인데 우리 사는 모습이 너무나 달라졌습니다. 씨앗의 변화는 곧 삶의 변화라는 말, 이제 수긍하시나요?

# 농사도 농약이 필수

농사에서도 돈이 가장 중요해졌습니다. 농부들은 이제 더는 씨앗을 받지 않습니다. 거름을 만들지도 않습니다. 씨앗을 사고 비료를 사서 농사를 짓습니다. 기계를 이용해 땅을 갑니다.

언젠가부터 벌레도 많아지고 병도 많아졌습니다. 예전에는 식물에 벌레가 있으면 손으로 잡거나 고삼 뿌리나 재를 이용해 처리했습니다. 물론 예전에는 지금처럼 병충해가 심각하지 않았지요. 이상한 날씨 때문에 애를 먹는 일도 없었습니다.

농사 환경이 바뀌니 농약이 등장합니다. 1980년대를

지나 1990년대에 이르는 사이 씨앗도 바뀌고 농사 방법도 바뀌었습니다. 농약과 제초제를 치지 않는 사람들이 거의 없을 정도였습니다. 식물에 병이 나도 사람 대하듯 원인을 생각할 겨를 없이 농약 먼저 사옵니다. 작물 사이로 풀이 자라면 얼른 '풀 약'을 사다 뿌립니다. 농약 가게 주인도 약국의 약사처럼 증상만 듣고 알아서 약을 처방해줍니다. 그렇게 수십 년이 흘러갑니다. 이제 할머니들은 이구동성으로 말합니다. "수확량을 높이려면 퇴비를 많이 넣으면 돼!"라고요. "농약 안 치면 먹을 게 없다"고 말입니다.

지금 팔순이신 할머님들은 35년 전만 해도 40대 중년이었습니다. 자식 교육비에 허덕여야 했지요. 그들에겐 당연히 수확량이 중요했습니다. 수확이 많아야 잘 팔아서 아이들 교육비를 마련할 수 있잖아요? 한결같이 '수확량 늘리기 위해서라면 못할 게 없어, 내 자식을 위해서라면!'이라고 생각하셨을 겁니다. 그런 마음으로 화학 비료와 퇴비를 받아들였고, 농약이 병균을 즉각 해결해주는 놀라운 현상을 경험하면서 농약도 당연하게 여기게 되었을 겁니다.

힘겨운 김매기를 그 자리에서 해결해주는 풀 약도 마찬

가지입니다. 수확량을 늘리는 데 집중한 나머지 앞뒤 잴 겨를이 없었을 것입니다. 더구나 정부에서조차 '인체에 무해하다'고 홍보했으니까요. 참으로 무책임한 언사입니다. 당시 농촌에서 농약이나 제초제를 먹고 자살하는 일이 왕왕 발생했는데도 말이죠.

많이. 크게. 빠르게. 성장 논리의 구성 요소입니다. 농부들은 '내가 농사지은 것이니 팔리기만 하면 된다'고 생각합니다. 소비자는 또 '이왕이면 벌레 먹지 않고 깨끗하고 큰 것'을 선택합니다. 서로 자신의 관점에서 조금도 손해를 입지 않으려고 합니다.

이처럼 서로의 욕망이 맞아떨어지면서 시장에는 충돌이 사라지고 풍요와 평화만 남았습니다. 많이 거두는 풍요, 소비 욕구를 충족해주는 풍요. 바라는 것을 생산해주고 소비하는 평화 말입니다. 그 와중에 자연과 생태와 건강은 차츰 뒷전으로 밀려나기 시작합니다. 그렇게 섬뜩하게 풍요와 평화는 우리들의 의식과 몸 안으로 깊숙하게 들어왔습니다.

# 계절과 상관없는 삶
## 속전속결

농사도 속도를 좋아합니다. 비닐하우스가 농촌에 등장하면서 심기로부터 1년을 기다려야 했던 작물은 사계절 재배가 가능해졌습니다. 비닐하우스 농사는 에너지를 과소비하고, 계절 없는 작물을 만들고, 농부들을 도시에 사는 직장인처럼 살게 만들었습니다. 딸기, 토마토가 겨울 작물로 바뀐 것도 모자라 겨울 재배에 알맞은 개량종자까지 나오게 되었습니다. 제 계절보다 일찍 출시된 덕에 비싼 가격표를 달고 마트를 누빕니다. 계절과 상관없이 시장에 나오는 농산물 때문에 아이들은 딸기와 토마토를 겨울 작물로 착각합니다.

여기서 문제가 발생합니다. 아이들의 몸은 겨울인데 초여름에나 먹는 차가운 음식을 먹어 몸이 점점 더 차가워지기 때문입니다. 요즘 아이들이 감기를 달고 사는 배경 중 하나이지요.

시공이 혼재되는 현상은 농산물에만 국한되지 않습니다. 겨울에는 난방이, 여름에는 에어컨디셔너가 상용됩니다. 여름에 땀을 낼 필요가 없고, 겨울이 되어도 추위를 느끼지 못합니다. 이제 건물 안에는 계절이 모두 사라졌습니다.

건물 밖이라고 해서 크게 다르지 않아요. 거리는 온통 냉난방시설이 방출하는 가스로 가득합니다. 여름에는 숨이 막히고 겨울에는 더 차가워진 대기 때문에 고생해야 합니다. 건물 하나를 사이에 두고 안과 밖의 삶이 극명하게 갈립니다. 한겨울인데도 반팔 셔츠를 입고 실내를 누비는 사람이 있는 반면, 누군가에게는 바깥의 삶이 더욱더 힘들어집니다. 그래서 종종 그들은 '건물 안의 삶'을 목표로 삼습니다.

도시인의 하루는 이제 건물 안에서 건물 안으로 이어

집니다. 모두가 인공 건물 안에 갇힌 '올드 보이'가 됩니다. 바깥의 삶, 더 나아가 자연에 대해서는 교과서로 배우거나 탐구학습으로만 배웁니다. 태어나면서부터 함께 누리고 함께 즐겼던 '인간과 하나'인 자연이 이제는 배움의 영역으로 탐구의 영역으로 타자화했습니다. 모든 것을 인간의 기준에서 판단하고 조정하면서 자연 위에 군림하고자 하는 지독한 인간적 관점이 결국 다양성으로 가득한 이 입체적인 세계를 잿더미로 만들고 있습니다.

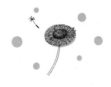

# 농부, 종속된 삶을 살다

이제 농촌은 도시를 위해 존재합니다. 씨앗도 소비자의 취향을 반영하고 강조하지요. '고객 만족'은 어느 분야에서나 판매의 최고 기준이 되었습니다. 고객은 구매자입니다. 그러니 생산자는 고객을 만족시켜야 합니다. 생산자이자 소비자였던 농부가 생산자로만 전락한 것은 양분된 사회의 단면입니다. 르네상스적 인간으로서 다양한 영역에서 능력을 키워나가던 농부들이 지금은 재배하고 수확만 합니다. 씨앗, 자재, 퇴비… 도대체 돈으로 사지 않는 게 없습니다. 농부는 어느새 소비자로 전락했습니다.

옛날 농부는 다릅니다. 그들은 생활에 필요한 모든 것

을 직접 만들었습니다. 그런데 현대의 농부에겐 오직 두 가지 관심밖에 없습니다. 수확량과 소득입니다. 공장주가 그렇듯이 말입니다.

농부에게 씨앗이 없으니 씨앗 회사에 종속됩니다. 농자재 하나 쓰려고 해도 만들 수가 없으니 농자재 회사에 예속당할 수밖에 없습니다. 식물에 병이 돌면 농약사가 알려주는 대로 처방합니다. 거래도 마찬가지입니다. 유통 회사의 방침대로 거래합니다. 유통 단위는 포장재에 따라 결정되고, 유통 회사에서 원하는 제품을 콕 찍어주면 입맛에 맞춰 출하해줍니다. 그러면 우여곡절 없이 돈이 들어옵니다. 공장 시스템이 아니고 무엇이겠습니까?

농부는 원래 씨앗을 다루는 사람입니다. 예전 농부들은 자신의 입맛에 맞게, 자신이 일구는 땅의 형편과 논밭의 입맛에 맞게 씨앗을 육종했습니다. 그것이 농부의 가장 큰 몫이었지요. 하지만 지금은 어떻습니까? 육종은 고학력 연구자의 몫이 되었습니다. 이 땅의 아들인 농민들이 책상 배움으로 무장한 박사님들에게 쩔쩔매게 된 것이지요.

몸으로 읽던 날씨조차 기상청에 의존하고, 내 밭의 특

성조차 기술센터에 파견된 사람에게서 낯선 용어로 들어야 합니다. 차츰 그들의 말과 처방에 익숙해지면서 고유한 특성을 잊고 오로지 더 많은 소득만을 원하게 됩니다. 그러면서 자식들에겐 이렇게 당부합니다. "농사꾼은 되지 마라. 죽어라 일해도 빚만 남는다"고 말이에요.

그리고 너무나 슬픈 순환이 반복됩니다. 이렇게 해서 도시로 나간 자식들이 기업과 연구소, 병원, 대학, 법원을 무대로 일하며 돈과 명예를 거머쥔 채 자신을 키워준 어머니인 농촌과 조상인 농민들을 노예로 만들고 있으니까요.

# 새것을 받아들이되
# 옛것을 버리지 않는다

순천의 할머님들은 "돈 사러 간다"는 말을 합니다. 남은 것을 시장에 팔아 생활에 필요한 돈으로 바꾸는 것을 '돈 사러 간다'고 표현하는데요. 저는 이 표현이 참 마음에 듭니다. 돈이 주체가 아닌, 인간이 물건을 팔아 바꾸는 게 돈이라는 것을 명확히 보여주잖아요. 그분들은 여전히 농경시대의 시장에 있는 것 같습니다.

그 뿐인가요? 씨앗이 달리면 이를 두고 "벌이 역사한 것이제"라면서 씨앗 맺힌 것을 벌과 나비의 공으로 돌립니다. 강낭콩의 성질을 물었더니 "올라가길 좋아해"라며 넝쿨 강낭콩을 있는 그대로 설명해주십니다. 새가 입히는 피해에 대해 걱정하자 단박에 "새가 먹고 남긴 것을 우리가 먹어"라고 대답하십니다. 이 모든 게 '나'의 입장이 아닌 자연의 입장에서 하신 말씀입니다.

시계가 넘쳐나는 세상에서 1미터가 넘는 고장난 괘종시계를 지게에 싣고 수리가게로 향하는 할아버지. 세탁기가 널린 세상인데 여전히 손빨래를 고집하는 할머님. 기름을 조금 더 짤 수 있는 까만 들깨를 제쳐두고 굳이 흰들깨를 재배하는 이유를 묻자 "그냥 집에 있으니까 계속 받아서 하는 거야"라고 담담하게 대꾸하신 할머니. 이렇듯 옛것을 버리지 않고 새로운 것에 집착하지 않는 그분들로부터 수십 종의 토종씨앗이 나옵니다.

씨앗을 갈무리하고 보관하는 일에는 시간과 정성이 필요합니다. 씨앗 지키는 일을 하면서 깨달은 사실이 하나 있습니다. '곤약스럽'다며 씨앗 보물단지를 내놓은 분들에게는 공통점이 하나 있는데, 바로 인상이 너무도 선하다는 사실입니다. 흥부는 제비가 박씨를 물어다준 덕분에 부자가 되었지만 '새가 똥을 싸서 얻은 박씨'를 계속 재배한 할아버지는 똥도 하찮게 여기지 않습니다. 흥부는 박을 타서 황금을 얻은 반면 우리 할아버지들은 박을 타서 씨앗을 얻고 바가지를 만들고 박속으로 만든 음식을 먹습니다. 우리 조상들의 삶은 씨앗이 응축된 것이라 보아도 전혀 과장되지 않습니다. 그분들 삶의 언어와 문화, 감수성은 모두 씨앗 한 톨로부터 나온 것이니까요.

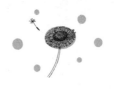

# 덜 먹고 더 나누고

동네 할머니에게 씨앗용으로 쓸 자갈감자를 달라고 했더니 '씨앗이니까' 하면서 한 박스를 거저 주셨습니다. 옛날부터 우리는 자기 것이 맛있으면 아무 조건 없이 이웃에 나누어주곤 했습니다. 인접한 시골 마을에 같은 씨앗이 많은 배경입니다. 그런데 지리적으로 멀리 떨어진 마을 사이에서도 종종 같은 씨앗이 발견되곤 합니다. 네, 여인들이 시집가면서 친정에서 받은 씨앗을 챙겨갔기 때문입니다.

예전에는 씨앗이 많이 필요하지 않았습니다. 그저 몇 알이면 충분했어요. 메주콩이나 팥은 논두렁에 심고, 밭 가장자리에는 두벌콩을 심었습니다. 아욱이나 오이, 호박은 씨앗 몇 알로 온 가족이 먹을 수 있는 양을 수확했습니다. 그러니 아낌없이 나눌 수 있었지요. 또한 집에서 먹으려고 농사를 지었기에 양이 부족하면 덜 먹으면 된다고 가볍게 생각했습니다. 더구나 씨앗을 보전하는 일이라면 한사코 돈을 사양했지요. 요즈음은 다릅니다. 감자도 콩도 대량으로 재배하므로 돈을 주고 씨앗을 삽니다.

예전에는 음식을 하면 반드시 옆집에 돌려 맛을 나누었습니다. 저도 어렸을 적에 옆집에 음식 돌리는 심부름을 자주 했습니다. 또 이런 기억도 있습니다. 제 어머니께서는 밥을 하기 전에 밥쌀에서 꼭 한 주먹 분량을 떼어 바가지에 담아놓으셨습니다. 매 끼니마다 그렇게 했으니 일주일이면 따로 모아둔 쌀그릇에 제법 수북하게 쌀이 쌓입니다. 왜 그랬을까요? 우리 집도 가난했지만 더 어려운 이웃에게 주려고, 혹은 동냥하러 온 이들에게 주려고 쌀을 모은 것입니다. 내가 조금 덜 먹고 남과 나누는 삶이 일상이었던 좋은 시절이었습니다.

# 나만 잘 살면 되는 세상

시골에는 아직도 공동우물이 남아 있는 곳이 더러 있습니다. 물론 사용하는 것은 아니고 유물처럼 보존할 뿐이지만요. 저는 그런 곳에 가면 이따금 동네 사람들이 거기서 물 길어 먹고 빨래하던 모습을 상상합니다. "여기 물맛이참 좋았지" 하시며 추억을 되새기는 마을 어르신들도 많습니다.

우리나라 농촌은 대개 지형적으로 배산임수(背山臨水)조건을 따라 형성되었습니다. 우물은 산에서 내려온 물이고이는 곳에 만들었지요. 생활용수나 식수로 사용되던 우물은 종종 길 가는 나그네의 몫이 되기도 합니다. 요즘은 어떤가요? 깨끗하고 맑은 물 한 잔 얻어 마시기도 힘들어졌습니다. 젊은이들은 물도 브랜드를 따져 가며 사서 먹지요.

나는 "공기마저 사 먹는 세상이 올 것이다"라고 예견한 적이 있는데 그 말은 곧 현실이 되었습니다. 실제로 2019년에 미세먼지 대책의 일환으로 각 학교 교실에 공기청정기가 설치되었으니까요. 공기청정기로 공기를 깨끗하게 만드니 공기를 사서 먹는 것과 다름없습니다. 신선한 산소를 마실 수 있는 '사 먹는 산소'도 나왔잖아요?

문제는, 누구나 똑같이 맑은 공기를 마실 수 있는 게 아니라는 점입니다. 돈을 내고 전력을 사용할 수 있는 사람들만, 지불 능력이 있는 한정된 공간에서만 깨끗한 공기를 마실 수 있습니다. 씨앗을 팔고 물을 팔더니 급기야 공기까지 파는 세상이 되었습니다. 결국 돈이 없는 가난한 사람들은 마음대로 숨도 쉬지 못하게 되었습니다. 물도 공기도 차별적 소비의 대상이 되었습니다. 남이야 죽든 말든 내가 마시는 공기만 깨끗하면 되고, 내가 먹는 물만 깨끗하면 되고, 내 밥만 건강하면 된다는 세상, '나만 아는 세상'의 모습입니다.

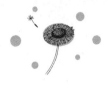

# 민족혼 말살 정책으로
# 씨앗이 사라지다

우리 민족 고유의 씨앗은 일제강점기를 거치며 말살되었습니다. 1910년도 1,425종이었던 볍씨가 1920년부터 줄어 1930년도에는 400여 종이 채 남지 않았습니다.

한반도는 일제의 식량병참기지로 한반도의 농업 현실을 연구하여 식량 증산 기술을 도입하고, 권업원예모범장을 만들어 씨앗을 육종했으며, 경지 정리를 하는 농업정책을 펼쳤습니다. 일본인의 식량을 공급하기 위해 씨앗도 일본종자로 바꾸었습니다. 음식은 사람의 혼을 형성하는 에너지로 일본 씨앗으로 대체되는 것은 당연할지 모릅니다.

지금도 우리 음식 문화에 일본식 문화가 자리 잡고 있

습니다. 사람 씨와 음식 씨를 바꾸면서 일본의 혼이 뼛속 깊이 배어 들어간 것입니다. 성씨와 음식 씨앗이 바뀌고 우리 몸에 밴 얼도 급속하게 잃어갔습니다.

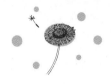

# 자립적 생활기술의 박탈

요즘에는 학교에서 자립적 기술을 가르치지 않습니다. 제가 중학교에 다닐 때만 해도 '가정'이라는 교과목이 있었고 학생들은 그 시간에 조리법, 바느질, 뜨개질 등을 배웠습니다. 남학생들은 '기술' 분야를 배웠고요. 지금 생각하면 참 시대착오적인 발상이지만 그마저 통합되거나 없어진 요즘보다 그때가 더 낫지 않았나 싶은 마음도 듭니다.

그보다 더 옛날에는 집에 돌아오는 순간부터 진짜 교육이 시작되었습니다. 엄마를 도와 밭일을 하고, 동생들을 돌보고, 심부름을 하고…. 어머니들은 자식에게 집안일과 심부름을 시키면서 생활지식을 몸소 가르쳤습니다.

요즘 아이들은 어떤가요? 책상 공부에 집중해야 한다며 부모가 모든 것을 다 합니다. 아주 간단한 심부름조차 시키지 않습니다. 이 아이들이 자라 청년이 되어 독립하면 어떻게 될까요? 집집마다 가전제품을 두고 모든 것을 해결합니다. 웬만한 음식은 전자레인지나 에어프라이 기계에 돌리고 빨래가 생기면 코인 빨래방에 갑니다. 운동화 하나 제 손으로 빠는 법이 없지요. 몇 년 전 함께 생활했던 청년 한 사람은 손빨래를 할 줄 모른다며 제게서 빨래하는 법을 배웠습니다. 저는 그에게 조리법이며 손바느질 법까지 가르쳐야 했습니다.

우리 조상들의 일상을 돌이켜봅니다. 전통 사회의 농부들은 생활에 필요한 물건들을 스스로 만들었습니다. 자급자족하는 삶이었어요. 농사와 목축은 물론 집을 짓는 도구까지 직접 만들어 집을 지었습니다. 몸으로 자연의 변화를 인지하여 날씨도 예측했습니다. 요즘처럼 수학이니 물리학이니 생물학이니 이름 붙이지 않아도 농사를 지으면서 집안일을 하면서 스스로 지혜를 익혔습니다. 스스로 탐구했고 원리를 통찰하면서 기술을 터득했습니다. 일상에 필요한 조작을 몸으로 익히면서 자연의 원리를 깨친 것입니다.

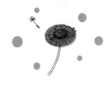

# 분절된 농사, 분절된 전문가

종자기술 자격증 시험이 있습니다. 종자사업을 하는 데 필요한 각종 자격증 취득 시험인데요. 귀농하려는 사람들이 종자 분야에서 소득을 올릴 수 있을 것 같으니 여기 도전하곤 합니다. 하지만 이들은 수험생일 뿐 씨앗을 직접 받아본 적이 거의 없는 사람들입니다. 농사 경험도 거의 없고요. 그 반대의 경우도 사정은 비슷합니다. 실제로 농사를 짓는 농민 가운데 육종가(育種家)인 경우가 얼마나 될까요? 아무도 모릅니다.

얼마 전 충남대학교 대학원에서 대학원생들을 대상으로 강의를 했습니다. 물론 '씨앗' 강의였죠. 농사 얘기를 하는데 농사에 대한 지식이 전혀 없더군요. 그들은 사실 비닐하우스에서 몇 종류 작물을 관찰하는 것 이상을 해본 적이 없는 사람들이니까 당연하지요. 재배는 그들이 직접 하는 게 아니라 일당을 주고 쓰는 분들이 와서 하기 때문입니다.

농업 전문가들은 자신의 분야에만 정통합니다. 종자 전문가도 마찬가지예요. 씨앗의 선별 전후에 이르는 전 과정에 대해서는 잘 모릅니다. 선별 작업대에서 선별만 하기 때문입니다. 현대 농부들도 그렇습니다. 언제부터인가 재배와 판매에만 집중하고 있어요. 재배 이전의 씨앗, 씨앗 이전의 육종에 대해서, 그리고 재배 이후의 순환에 대해서는 자세하게 알지 못합니다. 일반 시민들이 기업과 전문가에게 예속되듯이 농부들도 '분절된 전문가'로 살아갑니다. 농부를 르네상스적 인간이라 칭하던 시절은 이제 영영 다시 오지 않을까요?

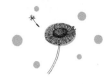

# 농부는 본디 자립 인간이다

전통 농부들은 하늘과 땅, 씨앗, 농사, 음식, 치료에 이르는 순환을 압니다. 예를 들어볼게요. 들기름을 직접 집에서 만들려고 압착 도구를 손수 만들었습니다. 기름을 더 많이 내는 방법도 고안합니다. 냉장고가 없었던 시절이지만 보관 방법도 알고 있습니다. 소금독에 기름병을 보관하면 썩지 않는다는 사실이지요. 기름을 짜고 난 잔재물도 허투루 버리지 않았습니다. 잘 모아 동물 사료나 퇴비로 귀하게 썼습니다. 들깨를 털고 난 대는 퇴비나 아궁이의 불쏘시개로 사용합니다.

벼도 마찬가지예요. 정말 알뜰하게 사용했습니다. 일단

볏짚은 소먹이, 지붕 재료, 흙 접착제, 짚신, 우비 등을 만드는 데 재료로 사용했고, 가마니를 짤 때도 이용했습니다. 사용되는 곳이 많으니 옛 농부들은 길이가 긴 짚을 선호했습니다. 그래서 키가 큰 벼들을 재배했는데요, 요즘 사람들은 토종벼 전시장에 갔다가 키 큰 벼들을 보고 놀라기도 합니다. 그 뿐인가요? 벌레들이 다가오지 못하도록 까락이 긴 것을 선발했습니다. 자연을 활용한 삶이었기에 그에 걸맞은 유용한 씨앗들을 선별했지요.

이처럼 전통 농부들은 모두 씨앗을 다루고 스스로 삶의 지혜를 터득했습니다. 그러니 영리하고 지혜로울 수밖에 없었어요. 반면 현대의 농부들은 대개 이 모든 일을 '전문가'에 맡깁니다. 전문가가 추천하는 씨앗과 종자를 고르고, 전문가가 추천하는 땅과 퇴비를 준비하고, 전문가가 추천하는 방법으로 농사를 짓습니다. 그런데 현대 농부가 의지하는 전문가들은 대개 고소득에 집중하므로 농부들도 자연스레 높은 생산량과 소득에 집중하게 되지요. 농사의 본질인 순환에서 차츰 멀어지는 것입니다.

현대 농업에서 돈으로 사지 않는 것은 무엇일까요? 안

타깝지만 아무것도 없습니다. 자연에 가장 가깝게 생활하는 농부들이지만 살아가는 방식 역시 점차 자연과 멀어지고 있습니다. 스스로 터득할 필요가 없는 생활양식 안으로 깊이 빠져듭니다.

스마트농업이니 디지털농업이니 조금도 반갑지 않습니다. 그 모두 도시인과 다를 게 없는 종속된 삶을 향하게 하고, 그 결과로서의 돈을 삶의 중심에 서게 만드는 농업이니 말입니다.

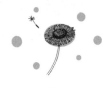

# 자립 인간의 생활의 지혜

돈이 주체가 된 까닭은 자립적 삶이 붕괴되었기 때문입니다. 자립적인 삶은 사람을 똑똑하게 만듭니다. 어린 아이들에게 돈 내고 배우는 영재교육을 시킬 게 아니라 전통 농부들의 생활 방식과 지혜를 가르치면 됩니다. 돈이 들지 않는 삶을 살려면 모든 것을 궁리해야 하므로 저마다 똑똑해질 수밖에 없습니다.

물을 길어 먹던 시절에는 어떻게 하면 힘이 덜 들지 고민했습니다. 내 집은 산에서 내려온 물을 모아 모터를 사용하지 않고 낙차를 이용해서 집 안까지 물을 끌어들여 사용합니다. 그 뿐인가요? 예전에는 천수(天水)를 이용해 논이나 밭 위쪽에 둠벙을 만들어 가뭄에 대비했습니다.

집 짓는 방법도 마찬가지요. 흙집, 나무집, 돌집 등 이렇게 지어보고 저렇게 지어보면서 점점 더 튼튼하고 쾌적한 집 만들기에 집중했을 겁니다. 모든 일을 스스로 해결해야 했으니 수학과 물리학을 따로 배우지 않아도 계산을 했습니다. 원예학과를 나오지 않아도 농사와 씨앗에 대해서는 그 누구보다 잘 알았고, 천문학과를 나오지 않았어도 하늘과 바람과 공기를 보고 느끼며 날씨를 예측할 수 있었습니다. 글쓰기 강좌에 다니지 않아도 저절로 시를 쓰게 되었고, 문자를 배우지 않았어도 고사성어나 속담을 말하고 인용하는 데 문제가 없었습니다. 이 모든 생활의 지혜와 삶의 지혜를 부모로부터 물려받았고 자연에게서 배웠으니까요.

# 살아 있는 손끝 농사

기계로 농사를 지으면 기계의 작동 원리와 작동법만 배웁니다. 재배의 대상인 식물 하나하나를 관찰하기가 쉽지 않아요. 기계는 하나고 재배하는 식물은 여럿인데 말입니다. 한 밭에 심어진 배추라 해도 하나하나 자라는 모양이 다릅니다. 사람도 다르지 않아요. 요즘이야 가정마다 자녀를 하나 혹은 둘만 두니 잘 모르시겠지만 예전 어른들께서는 하나같이 "열 자식 모두 같지만 다르다"고 말씀하셨습니다.

농사란 자식을 키우는 것과 같습니다. 그래서 '손끝 농사'라 하나 봅니다. 수만 평을 기계로 짓는 농사를 사람 돌보는 일에 비유한다면 여기엔 군대를 훈련시키는 것 같은 획일적인 관리 방법 외에는 답이 없어 보입니다. 현대인의 질병을 치료하는 데 손쉽게 쓰이는 의약품들은 개인의 특성을 고려하지 않은 채 천편일률적으로 적용되는 군대 관리 방식과 흡사합니다. 효과가 있거나 없거나 부작용이 있거나 없거나 오직 확률에만 의존하니까요. 이것은 사실 개인의 몸에 대한 폭력입니다.

손끝으로 일일이 세심하게 농사를 짓는 데엔 폭력이 있을 수 없습니다. 그러나 현대인의 농업은 수확량과 소득, 부가가치인 결과만을 중요시하므로 폭력적 방법으로 성취될 수밖에 없습니다. 정성은 언제나 손끝에서 나옵니다. 손끝 농사가 가능할 때 우리는 비로소 농사에서 배우며 삶의 통찰력을 얻을 수 있습니다.

작물을 관찰하는 것은 눈으로만 보는 것을 의미하지 않습니다. 김매기를 하면서 땅과 식물의 상태를 손끝으로 관찰합니다. 손끝으로 하는 관찰이야말로 살아 있는 학습입니다. 몸으로 배우는 농사, 몸으로 하는 관찰과 성찰, 모든 이치가 하나로 관통하고 이로써 우리는 생명에 대한 통찰력을 얻게 됩니다.

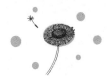

# 적개심은
# 강한 내성을 만든다

할머님들께서는 종종 "예전엔 해충이 별로 없었는데 요새는 해충이 너무 많아서 농사짓기 어려워"라고 말씀하십니다. "농약도 효과가 적다"는 말씀도 자주 하십니다. 해를 거듭할수록 농사 현장에는 해충이 늘어만 갑니다. 어떤 처방도 듣지 않아요. 왜 해충의 개체수는 자꾸 늘어나는 걸까요?

생명인 벌레도 살아야 합니다. 그런데 사람들이 벌레더러 "죽어라, 죽어라" 하면서 농약을 자꾸 치니 벌레는 죽지 않으려고 안간힘을 쓰게 되고, 그러다 보니 자꾸 내성이 생깁니다. 사람과 마찬가지로 면역력을 키운 거죠. 그래야 생

202

존 가능성이 높아지니까요.

벌레는 인간보다 생애주기가 짧습니다. 따라서 인간에게 내성이 생기는 속도보다 훨씬 빠르게 진화할 수밖에 없어요. 죽일수록 미워할수록 그 반대급부(反對給付)로 살아가려는 힘이 커지는 것입니다. 살충제가 강력해질수록 곤충에게 내성이 생기는 속도와 회복력이 점점 더 빨라지는 이유입니다.

식물은 어떨까요? 현대의 농부들은 식물 스스로 면역력을 키울 틈을 허용하지 않습니다. 한마디로 기다리지 않는 거죠. 그저 하루라도 빨리 그리고 쉽게 뿌리를 내리게 하고 싶어서 땅갈이를 계속하고, 더 많이 수확하기 위해 퇴비를 과다하게 투입합니다. 바로 이 비료들이 식물을 오히려 약하게 만드는 주범입니다. 왜냐고요? 식물이 곤충의 내성 인자를 따라잡지 못하기 때문입니다.

곤충과 식물, 그리고 인간 사이의 간극은 점차 넓어지고 있습니다. 지금 당장이야 눈앞의 이익을 포기 못해 각종 농약으로 해결하지만 중장기적으로 볼 때 이 방법은 답이 아닙니다. 강한 농약이 개발될수록 해충들은 여기에 차츰 길들여질 테고, 그러다 보면 그 농약들은 더는 해충을 아니라 사람을 타깃으로 삼게 될지도 모릅니다. 어쩌면 우리는 지금 다시 돌아올 수 없는 길을 떠난 것인지도 모릅니다.

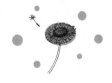

# 식물도 사람도
# 자립하고 순환해야 한다

해충의 폐해에 대비하는 근본적인 대안은 식물을 강하게 키우는 길입니다. 인간처럼 식물에게도 면역력을 키워줘야 해요. 식물을 강하게 키우려면 어떡해야 할까요?

제일 먼저 생산량에 집착하는 농사법에서 탈피해야 합니다. 야생에서 살아남은 것이 강한 생명력을 지니고 있다는 데 착안하면 답이 나올 수 있을 겁니다. 이를 테면 섞어 짓기나 사이짓기를 일상화하는 거죠. 한곳에 두 가지 이상의 작물을 심는 섞어짓기, 농작물을 수확하고 난 다음 작물을 씨 뿌리기 전에 채소 따위를 심어 가꾸는 사이짓기 등을 말입니다. 이렇게 하면 흙 입자를 손상시키지 않고 토양의 복원력을 높일 수 있습니다.

씨앗도 환경에 적응시켜야 합니다. 그렇게 적응된 씨앗을 받아 짓는 농사를 해야 합니다. 즉 식물도 사람도 자립적 삶, 순환적 삶을 살 수 있도록 조건을 만들고 도와야 합니다. 병해충에서 자유로우려면 '나'부터 변해야 합니다. 단기적 성과에 현혹될 게 아니라 후세대를 위한 긴 안목으로 당장의 이득에 눈감을 줄 알아야 합니다.

인간이 과연 기후 변화를 막을 수 있을까요? 아닙니다. 다만 적극적으로 대처할 수 있을 따름입니다. 바로 변화에 따른 피해를 최소화하는 것이지요. 생명의 역사가 이루어 내는 저 도저(到底)한 흐름을 인간이 막아 세울 수는 없습니다. 그러니 우리는 환경과 생태를 보전하는 방식으로 사고를 바꾸고 생활 자체를 바꿔야 합니다. 한꺼번에 확 바꿀 수는 없겠지만 내가 할 수 있는 것부터 내 주변으로부터 천천히 바꾸도록 노력하는 것, 이것이 진정한 자연에의 순응입니다. '나'는 끝나지만 건강한 '씨앗'을 남기는 것 역시 생명에 대한 순응이니까요.

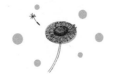

# 자연은 항상
# 살 길을 알려준다

농가에서는 고라니와 멧돼지로 인해 밭에 심을 게 없다며 들깨를 많이 심습니다. 들깨는 고라니와 멧돼지가 먹지 않으니까요. 저는 고라니가 밭에 들어오지 못하도록 콩은 집 주변에 심고, 산 쪽으로는 들깨를 심습니다. 들깨보다 향이 더 강한 차조기는 밭 둘레에 심습니다. 예전에는 "새가 먹을까 봐 콩 세 알을 심는다"고 했지만 요즘 새는 사람들 사정을 조금도 봐주지 않습니다. 그냥 사정없이 다 먹어 치웁니다. 그래서 어떤 할머님은 콩에 약을 발라서 심는다고 합니다. 예전 농부들은 콩을 논둑이나 밭 가장자리에 심었습니다. 고라니가 한두 차례 뜯어 먹으면 그걸로 순치기를 한

셈 쳤지요. 요즘은 고라니가 너무 많거나 먹을 것이 부족한 가 봅니다.

농사 환경의 변화는 공교롭게도 인간에게 필요한 음식이 무엇인지 상기하게 해줍니다. 우리는 지금 너무나 많이 먹어서 질병이 발생하는 옥수수의 시대(각종 가공식품의 원료나 사료로 사용되는 옥수수가 흔한 세대)를 살고 있습니다. 이런 상황에서 들깨는 옥수수로 망가진 신체의 균형을 맞춰주는 훌륭한 식재료입니다. '밭에 들깨밖에 없다'는 것은 들깨를 많이 먹으라는 신호이지 않을까요? 봄에 쑥이 지천인 이유는 봄에는 쑥을 많이 먹으라는 신호이고요. 들깨나 쑥은 체질을 가리지 않고 기혈순환을 원활하게 하여 몸의 호르몬 균형을 맞춰주는 기특한 식물입니다.

공교롭게도 환경의 변화는 지금 우리 인간이 무엇을 먹어야 할지 알려주고 있습니다. 역시 자연에 순응하면 살 수 있나 봅니다. 거대한 우주의 섭리입니다.

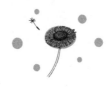

# 구황식물이
# 건강식이 된 사연

구황식물은 먹을 것이 없던 시절에 연명하려고 먹었던 음식입니다. 그런데 세월이 바뀐 지금 구황식물은 사람들의 건강식과 치료식으로 각광을 받고 있습니다. 가공식품과 불량한 고기를 너무 많이 먹어 생긴 질병이 즐비하니 가난한 시절에 먹었던 구황식물이 건강식으로 환대받습니다. 하지만 원래 구황식물은 일상적인 음식으로 적합한 게 아니었습니다. 구황시기에는 구황식물만 먹어서 사람들 얼굴이 노랗게 되고 곧잘 빈혈에 시달리곤 했습니다. 그런데 지금은 정제된 것을 너무 많이 먹고 기름 덩어리까지 과다하게 섭취하니 천연 구황식물이 체내에 쌓인 독소를 배출하고 음식에 균형을 가져다 주는 착한 일을 도맡아 하게 된 것입니다.

굳이 구황식물을 먹지 않더라도 일상에서 먹는 양을 줄이고, 합성 가공식품을 되도록 먹지 않고, 기름진 음식을 덜 먹으면 모두 건강해질 수 있습니다. 구황식물이 건강음식이 된 이유는 단 하나, "너무 많이 먹으니 앞으로 적게 먹으라"는 신호를 수용한 결과입니다.

병이 생겼나요? 이제부터라도 무엇을 먹어야 하는지 생각하지 말고, 무엇을 먹지 말아야 할지 생각해보세요!

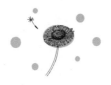

# '좋은 음식'의
# 종교화를 경계하라

생명은 내적인 동력에 의해 유지됩니다. 이때 내부의 동력은 외부 에너지와의 상호작용으로 유지됩니다. '좋은 음식'이란 환경 따라 또 사람 따라 다릅니다. '나에게 좋은 음식이 너에게는 독이 될 수도 있는' 것입니다.

가공식품을 즐겨 먹는 현대인에게는 자연음식이 좋은 음식이며, 자연음식을 먹는 사람들에게는 달콤한 초콜릿이 좋은 음식이 될 수 있어요. 툰드라 지역의 주민들에게는 2~3개월만 먹을 수 있는 채소가 좋은 음식이고, 채식을 주로 하는 열대지방 사람들에게는 육류가 귀하고 좋은 음식입니다. 이처럼 좋은 음식은 환경과 사람에 따라 상대적입니다. 절대적으로 좋은 음식은 없습니다. 하지만 유기체인 사람은 유기체를 먹어야 합니다. 음식이 '내 몸의 상황'에 맞아야 하니까요. 그렇지 않으면 아무리 좋은 음식이라도 '그림의 떡'이 될 수밖에 없습니다.

생명의 순환구조에서는 '나'를 빠뜨릴 수 없습니다. 씨앗, 농사, 음식, 생활, 문화… 이 모든 것이 결국은 '나'를 위한 것입니다. 이 지구상에는 수억, 수만의 '나'를 둘러싼 씨앗, 농사, 음식, 생활, 문화가 있습니다. 수많은 생명체만큼이나 다양한 '나'가 있습니다. 결국 좋은 음식이란 '나에게 좋은 음식'입니다. 유사한 기후와 지역에 사는 사람들에게는 유사한 좋은 음식이 있습니다. 동일한 문화 집단에서는 또 비슷한 좋은 음식을 선호합니다. 수많은 '나'가 있는 만큼 '좋은 음식'의 종류도 많겠지요. 그러나 한 가지 명심할게 있습니다. 좋은 음식은 결코 종교가 될 수 없습니다. 만약 누군가 좋은 음식을 일반화하려 든다면 그는 음식을 제국주의적 종교처럼 간주하는 사람일 겁니다.

# 농사는 쉬울수록 좋아

농사꾼은 가급적 편하고 쉽게 농사를 지어야 합니다. 그래야 돈에 집착하지 않고 나눌 수 있습니다. 기후나 환경 변화에 맞추어 쉽게 짓는 농사란 어떤 것일까요? 바로 자연이 가르쳐준 식물을 택하는 농사입니다.

자연은 우리에게 '환경에 맞게 먹으라'고 합니다. 너무 많이 먹지 말라고 합니다. 천적이 없어 수가 엄청 불어난 멧돼지나 고라니는 먹을거리가 많이 필요해서 인가에 내려오는데요. 이게 바로 '같이 먹자'는 뜻입니다. 그러면 농민은 어떡해야 하나요? 고라니와 멧돼지가 좋아하지 않는 것을 심으면 됩니다.

농진청에서는 천적을 만든다지만 천적이 번식할 때까지 긴 시간이 필요합니다. 그렇다고 천적을 해외에서 들여오면 우리 자연에 적응하기도 전에 생태의 균형을 깨뜨릴 테지요. 피해도 막강할 겁니다. 따라서 우리는 적응하는 시간을 길게 잡아야 합니다. 오랜 세월에 걸쳐 균형이 깨져왔듯이 균형이 잡히는 데에도 시간이 많이 필요하니까요.

그런데 균형이 잡히면 만사가 해결될까요? 아닙니다. 평형은 곧 깨어지게 마련입니다. 균형을 맞추는 과정이 생명의 역사이니까요. 고라니 멧돼지에게 알맞은 균형이 인간에게 알맞은 균형일 수는 없습니다. 균형을 잡는 과정에서 공생공존은 갈등을 가장 적게 양산하려는 움직임입니다. 이것이 자연의 이치니 사람은 자연에 순응하는 것이 곧 공생과 공존을 모색하는 길이 될 겁니다.

# 개량종자의 핵심

좋은 씨앗과 토양에 대한 고려가 사라진 이유는 무엇일까요? 씨앗은 매년 사서 쓰는 것을 당연하게 생각합니다. 언젠가부터 씨앗은 대물림되는 것이 아니고 '사서 쓰는' 것으로 인식이 변했습니다. 그 이유를 물으면 대다수 분들은 "토종씨앗은 수확량이 작고, 개량씨앗은 수확량이 많으니까" 하고 대답합니다.

개량씨앗은 실제로 수확량 증가를 목표로 개량된 것입니다. 그런데 수확량을 증가하려면 씨앗만 개량하면 될까요? 아닙니다. 개량씨앗으로 증산 효과를 보려면 퇴비를 넣지 않아도 가능해야 하는 게 원칙이지만 이게 지켜질 리 없

215

습니다. 너도나도 '퇴비 사용'을 적극 권장합니다. 병충해로부터 강하다고 선전하면서도 농약을 치라고 합니다.

개량씨앗이 토종씨앗보다 더 낫다는 주장은 맞을 수도 있고 틀릴 수도 있습니다. 포기가 덜 차는 배추를 노랑속잎이 꽉꽉 차는 배추로 개량했습니다. 포기가 꽉 찬 배추는 퇴비와 물이 많아야 포기가 꽉 찹니다. 척박한 땅이나 가뭄이 들면 포기가 차지 않습니다. 김장 배추들은 90일 배추라 초기 성장기에는 벌레들이 들끓습니다. 벌레들이 달려들지 않도록 조치를 취해야 합니다. 이에 반해 조선 배추는 포기가 거의 차지 않는 60일 배추라서 벌레들이 사라질 때 배추가 자랍니다. 개량된 포기 배추는 농사를 더 어렵게 만들었습니다.

소비자와 생산자의 분리는 '농사'는 아랑곳없이 소비자의 입장만 생각합니다. 노란 배춧잎을 더 먹기 위해 만들었으니까요. 농부의 입장에서는 퇴비도 더 많이 들고, 약도 더 많이 쳐야 하고, 노동력도 더 많이 투입되지만 소비자가 그것만 찾으니 억지로 이들이 자라갈 환경을 만듭니다. 환경이 사람 중심으로 만들어질 때, 근본적으로 사람에게도 맞지 않음을 간과하고 말이에요. 에너지의 입출량을 고려하면 개량종자는 수확량과 병해충과는 별로 상관이 없다는 것을 명심해야 할 것입니다.

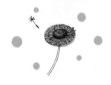

# 건강한 식물엔
# 벌레가 달려들지 않는다

벌레 이야기를 해야겠네요. 유기농 배추를 홍보할 때 흔히 사용하는 것이 "벌레 먹은 배추가 맛있다"라는 말입니다. 맞기도 하고 틀리기도 합니다. 이 말은 농약을 치지 않는다는 것을 강조한 말이거든요. 벌레가 식물을 공격해 병충해를 입는 것은 식물이 병약하다는 뜻입니다.

식물은 건강한 토양과 환경에서 튼튼하게 자랍니다. 건강한 토양이란 식물의 뿌리가 활발하게 활동할 수 있는 토양입니다. 식물은 뿌리가 열심히 활동해주어야 뿌리가 많아지고 튼튼해집니다. 사람도 많이 움직여야 다리가 튼튼하고 몸이 건강해지는 것처럼 말입니다. 벌레는 건강한 식물이나 토양에는 치명적인 해악을 주지 않습니다.

한여름 밭에 나가면 유독 벌레에게 잘 물리는 사람이 있습니다. 사람마다 물리는 부위가 다릅니다. 벌레들로부터 공격을 잘 받는 사람은 몸이 약한 사람입니다. 특정 부위를 공격하는 것도 벌레들이 인식하는 특정 부위에 열감이 높다는 뜻이지요. 건강한 어린아이들은 벌레에게 잘 물리지 않습니다. 물려도 활동에 방해를 받지 않아요. 사람이든 동물이든 식물이든 병약할수록 벌레와 바이러스에게 공격을 잘 받습니다.

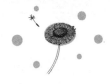

# 가치와 목적에 따라
# 농사 방식이 달라진다

농사에는 분명한 목표가 있습니다. 한 알의 씨앗에서 많은 수확을 얻는 것입니다. 농사 노동이 갖는 의미지요. 자연이 주는 원래의 풍요로움에 인간의 상상과 노동력을 가미함으로써 풍요로움을 배가하려는 의도로 시작한 농사는 처음엔 천차만별이었습니다. 지역이 다르고 재배하는 사람이 다르니 수확도 달라질 수밖에요. 그러다가 차츰, 각양각색에서 한 가지로 바뀝니다. 기준이 풍요가 되기 때문이지요.

이는 적게 먹어도 건강할 수 있는데 많이 먹어야 건강한 것처럼 분위기를 호도하면서 세대의 지속성보다 당대의 풍요를 앞세우는 '이기적인 빈곤 철학'입니다.

농사는 농부의 목적에 따라 농사 방식이 결정됩니다. 탐욕스런 농부는 자연에 순응하는 농사를 짓지 않습니다. 수요자들의 가치도 농사 목적과 방식에 영향을 줍니다. 농경 사회에서 대물림하는 농사가 아닌 자신의 가치에 따라 삶을 선택할 수 있는 현대 사회에서는 더욱 그렇습니다.

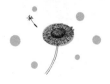

# 지상의 생명체에
# 털이 존재하는 이유

사람의 피부에는 잔털이 있습니다. 지상에서 살아가는 생명은 자신을 외부로부터 보호하려고 보호기제를 신체에 지닙니다. 육지 동물은 피부를 보호하기 위한 털을 갖고 있거나 피부가 두껍습니다. 반면 땅속 곤충이나 물속 동물에겐 털이 없습니다. 털은 공기, 바람, 흙 등이 있는 지상 환경에서 생깁니다. 겨드랑이 털, 머리털, 수염에도 존재의 이유가 있습니다. 겨드랑이 털이나 생식기의 털은 마찰로부터 살을 보호하기 위해 난 것이고, 머리털은 뜨거운 태양과 추위로부터 보호하려는 것이지요.

사람의 모든 신체 부위에 털이 골고루 분포된 것은 아

닙니다. 사람에 따라 부위에 따라 다르지요. 다른 개체들도 그렇습니다. 개체에 따라 부위별 털의 양이 조금씩 다릅니다. 그런데 한 개체의 털을 다 합친 총량은 같습니다. 환경이 총량을 결정하기 때문입니다. 진돗개는 풍산개보다 털이 엉성하며 짧습니다. 진돗개의 본산지인 진도의 날씨가 덥고 습도가 높은 탓에 털이 촘촘하게 자라지 않기 때문입니다. 반면 풍산개는 추운 지역에서 자라기에 진돗개보다 털이 촘촘하고 많습니다. 시베리아에서 살던 개를 전남 곡성에서 기르면 동물 학대나 다름없지요. 시베리아산 개는 털이 많아 남부에서 여름을 나기가 여간 곤혹스럽지 않습니다. 동물 복지는 결국 동물의 신체가 최적화된 곳에서 자랄 수 있는 권리를 주는 것입니다. 동물의 태생적 형질을 고려하지 않고 아무 데서나 사육하는 것이야말로 동물 학대입니다.

식물도 마찬가지입니다. 콩 꼬투리에 털이 있는 것도 있고 매끈한 경우도 있습니다. 털이 있는 것은 외부로부터 종자를 지키기 위함입니다. 토종 볍씨도 까락이 많아야 벌레가 덜 탑니다. 홍화나 우엉 씨앗이 바늘로 뒤덮인 이유도 씨앗을 보호하거나 동물의 몸에 붙어 자신의 종족을 더 많이 퍼뜨리려는 의도 때문입니다. 토마토처럼 식물의 줄기에 털이 난 것은 줄기를 흡착하는 곤충으로부터 보호하려고 하는 이유지요.

이처럼 식물이든 동물이든 털이 존재하는 제 나름대로의 이유가 있습니다. 개체마다 총량이 정해지고요. 방풍이나 더덕이나 당근 등 씨앗에 털이 있는 것은 종자의 번식에 관여합니다. 더덕, 방풍, 당귀의 씨앗은 자생력이 강해서 씨앗에 흙이 조금이라도 묻으면 뿌리를 내립니다. 이들의 씨앗에 털이 나 있는 이유지요. 이유 없는 존재는 없습니다. 인간이 그 이유를 알아내지 못할 뿐입니다.

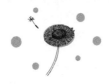

# 벌레가 먹는 시기와
# 인간이 먹는 시기가 다르다

벌레가 극성일 때는 다음과 같습니다. 재배 시기가 식물의 생육 온도와 맞지 않으면 식물은 냉해를 입어 고사하거나 열매를 빠르게 맺으려 웃자랍니다. 인간도 마찬가지입니다. 병약하면 빨리 노화됩니다. 병약하면 벌레가 많이 꼬입니다. '벌레 먹은 사과가 맛있다'는 일설은 벌레가 먹을 정도로 당도가 높다는 의미로 말하지만, 역으로 보면 벌레를 퇴치할 에너지가 없다는 뜻입니다.

벌레가 잘 먹는 시기가 있습니다. 그런데 이 시기는 인간이 취하는 시기와 다릅니다. 요즘 "벌레가 많아 농사가 어렵다"는 말을 자주 하는데요. 이것은 벌레를 끌어들이는

환경 요인이 발생했거나 식물이 약해졌다는 의미입니다. 과
도한 농약과 덜 발효된 퇴비를 고투입해서 식물도 약해지
고 농약으로 벌레의 내성이 강해졌거나 자연의 질서에 정
착한 토종벌레가 외래종에 밀린 형국일 수도 있습니다.

재래종 배추(비결구 배추)는 벌레가 사라진 시기에 생육
합니다. 농부는 노동력을 적게 들이려고 환경에 맞는 식물
을 재배합니다. 조선 배추는 벌레의 공격으로부터 자유로
운 시기에 생육합니다. 상추도 그렇습니다. 농부가 육종한
작물은 벌레 피해가 극심한 시기를 피합니다. 그런데 우리
는 벌레를 죽이는 농약을 사용하면서 환경과 궁합이 맞지
않는 결구배추를 재배해왔습니다.

벌레와 다투지 않았던 예전과 달리 농사에 농약이 필
수품이 되면서 계절과 환경에 상관없이 식물을 재배하고,
농약을 과도하게 사용하여 이제는 벌레들이 때를 가리지
않고 공격합니다. 식물을 사이에 두고 벌레와 인간이 싸웁
니다. 자연은 공생의 질서를 마련했지만 인간의 욕심이 균
형과 공생을 파괴하면서 스스로 족쇄를 채운 꼴입니다.

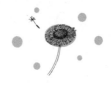

# '나'에게 '알맞아야' 지속된다

달이 차면 기울고, 물이 차면 넘칩니다. 빈 그릇이라야 채울 수 있습니다. 자연의 법칙입니다. 그릇의 용량이 있는데 넣기만 하면 넘칩니다. 기억의 용량도 마찬가지겠죠. 입력이 많으면 망각의 양도 많아집니다. 입력이 적으면 망각의 양도 적어집니다. 모든 것이 적당해야 합니다.

농사도 마찬가지입니다. 3천 평을 혼자 손으로 못하니 규모가 클수록 기계 의존도가 높아지고 기계 의존도가 높아질수록 단작(單作)이 권유됩니다. 예전에는 마을 사람들이 품앗이를 했지만 기계가 들어온 뒤로는 사람의 품 대신 기계에 의존하는 농사를 짓습니다. 기계에 의존한 대량 농사는 토양을 경직시키고, 외부 자재에 의존한 농사는 농부를 비자립적으로 만듭니다.

자립적 농사만이 지속적입니다. 자립적 농사만이 다양성을 보장합니다. 나의 노동력에 맞는 농사만이 환경과 사람을 살릴 수 있습니다.

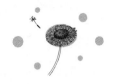

# 일등은 반드시 내려온다

최고는 불안합니다. 수많은 것이 최고를 향해 달려오기 때문이지요. 일등은 내려갈 일밖에 없습니다. 그러니 '일등 유지'에 집착하느라 정서가 불안해집니다. 일등은 내려올 수밖에 없으므로 부러워할 이유가 없습니다.

씨앗도 마찬가지입니다. 최고를 지향한 F1종자는 '최우수' 종자입니다. 씨앗은 농민들이 선발을 통해 환경에 맞는 씨앗을 이어왔습니다. 순계를 지키려고 했지만 교잡이 되면 교잡된 것에서 고르기도 했습니다. F1종자는 씨앗 받기가 어렵습니다. 형질 변화가 많고 퇴화합니다. 인내심을 갖고 씨앗 받기를 계속한다면 고정된 종자를 얻을 수 있습니다.

토종씨앗은 일등을 강요하지 않습니다. 더군다나 수많은 다양한 씨앗들을 수직적으로 일렬로 세우지 않습니다. 제각각 제 모양으로 대물림합니다.

토종씨앗의 다양성에 진정한 의미를 인지하지 못하거나, 토종씨앗을 미끼로 '이윤'을 선점하려는 자들이 '맛의 방주 등재'라고 재빠르게 일렬로 세우는 일들은 간혹 눈살을 찌푸리게 합니다.

세상도 건강한 생명을 지속하는 것을 제1과제로 여기면 좋겠습니다.

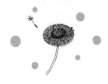

# 스마트팜은
# 기계에 인간을 종속시킨다

스마트팜은 자동화 시스템을 갖춘 농장를 말합니다. 농사 기술을 알지 못해도 기계를 조작하면 누구든지 농사를 할 수 있는 곳입니다. 청년 귀농층을 흡수하여 고소득 대량 농사를 유도하려는 계획입니다. 스마트팜은 또 기후 변화에 영향을 받지 않고 값싼 농산물을 만들 수 있는 환경을 만든다고 합니다.

하지만 날씨와 계절에 상관없이 고비용의 에너지를 투입해 농사를 지으면 건강하지 못한 음식을 먹게 되고, 농부의 입장에서는 투자비용이 너무나 높아집니다. 농가소득은 엄밀하게 높아질 수 없습니다. 정부에서 지원받지 못하면 투자 금액은 상상을 초월합니다.

스마트팜은 고비용 투자가 필요합니다. 기계가 고장 나면 농사를 할 수 없습니다. 스마트팜은 투기에 가깝습니다. 기계에 종속된 농사는 자연에서 느끼는 즐거움을 제공하지 못합니다. 오로지 소득 논리에 맞춘 공장이지요.

스마트팜의 확장은 인간을 쓸모없는 기계에 종속시켜 무능력한 노동자로 전락시키며 소수의 농부만이 살아남습니다. 결국 스마트팜 역시 일자리는 줄고 기업이 이윤을 취하는 꼴로 가게 됩니다. 스마트팜은 〈설국열차〉에 나오는 한정된 사람에 의한 한정된 사람을 위한 농사 방식이겠지요.

# 일이 즐거우면
# 힘든 노동도 달갑다

농경의 역사는 곧 안정된 생활을 추구해온 인간의 역사입니다. 야생 채집을 필두로 인간은 초기 농경 사회를 거쳐 안정적인 정착으로 나아갔고, 차츰 인간 중심의 식물 재배와 동물 사육을 시작했습니다.

정착 생활을 하게 된 인간은 욕망을 공공연하게 드러냅니다. 바로 축적으로의 욕망이죠. 더 많이 축적하려고 토지 강탈 전쟁을 일으킵니다. 전쟁은 승리자와 패배자를 나눕니다. 그러면서 농업 문명은 제국 문명으로 변합니다. 축적의 정도 차이는 일하는 자들의 차이로 나타납니다. 후기 농업 문명은 현대과학 문명과 자본주의 탄생을 예고했는데요. 부의 집착이 과할수록 '일의 즐거움'은 고통으로 바뀝니다.

그러나 고된 노동에도 일의 즐거움은 있습니다. 특히 농사가 그렇습니다. 도시생활을 경험했고 자발적으로 자립 순환농부의 길을 가는 저는 '농사의 재미' 때문에 고된 노동을 아주 달게 치르고 있습니다. 돈을 벌기 위한 수단으로만 일을 치부하면 재미를 잃습니다. 처음에는 흥미롭지만 익숙해질수록 재미를 느끼지 못합니다. 재미를 유지하려면 끊임없이 호기심을 품고 일상을 자극해야 합니다.

순환농사의 상상력은 무한대입니다. 농부가 씨앗을 시작으로 순환하는 생활을 몸소 해나가려면 끊임없이 관찰하고 연구해야 합니다. 그러면 언젠가는 끝이 시작에 물리는 자연의 원리를 깨닫게 됩니다. 왜 인간의 몸을 흙으로 빚었다고 하는지, 교과서에서 배운 화학이나 물리·생물의 원리들이 실제로 자연에서 어떤 모습으로 구현되는지, 어떻게 땅에서 정교하게 관찰되는지, 기후가 변하면 농사의 모습은 어떻게 달라지는지 말이에요.

오감(五感)을 활짝 열고 예측과 실현 속에서 살아가면

늘 흥미롭고 재미있습니다. 자본주의 농업 문명을 따르지 않고, 생태순환의 틀에서 내가 손수 짓고 사용할 때, 정착 생활에서 농사를 처음 접하는 당대의 느낌으로, 힘들고 지쳐도 몸만 추스른다면 달가울 것입니다.

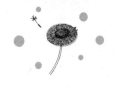

# 흙살과 몸살은 같다

흙살은 인간의 몸살과 같습니다. 성경 말씀을 보면 '하느님이 인간을 흙으로 빚었다'는 대목이 나옵니다. 농사를 짓다 보니 인간의 몸은 정말 흙과 같음을 알게 되었습니다. 무기물 45퍼센트, 유기물 5퍼센트, 물과 공기 50퍼센트로 구성된 가장 이상적인 것이 바로 흙입니다. 인간의 몸도 유사합니다.

흙이나 몸이나 습한 정도, 건조한 정도. 열기 정도, 냉기 정도가 제각각 다릅니다. 습(濕)을 좋아하는 식물이 있는 것처럼 습이 많아야 제 기능을 하는 장부가 있으며, 건조해야 잘 자라는 식물이 있는 것처럼 건조해야 제 기능을 잘하는 장부가 있습니다. 무와 인삼 같은 뿌리 식물은 열이 많아 땅속으로 들어가니 흙을 돋우는 방식으로 재배합니다. 인간의 몸도 비슷합니다. 바람이 들어 건조해지는 것을 싫어하는 폐를 따뜻하게 유지하려면 바람이 많은 날에는 코를 보호하는 것이 좋습니다.

흙마다 흙살이 다르고 사람마다 몸살이 다르니 양생법도 다릅니다. 하지만 흙을 잘 알면 자신의 몸도 잘 알게 됩니다. 흙을 알면 흙에 맞는 식물을 심어야 하고, 몸을 알면 몸에 맞는 생활을 해야 합니다. 흙은 광물에서 만들어집니다. 광물에서 흙으로 응집력이 해체되면서 흙살로 바뀝니다. 오랜 풍화를 거쳐서 생명이 자랄 수 있는 흙으로 바뀌는 것. 생명의 유전자가 광물로 똘똘 뭉쳐 있다가 흙살을 입어 생명체의 온상으로 가듯이 사람도 생명의 유전인자들이 뭉쳐 있다가 몸살을 입어 세상에서 살아가는 것입니다.

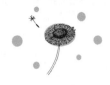

# 흙살과 몸살을 만드는
# 콩과식물

최초의 토양식물은 콩과식물입니다. 콩과식물은 공기 중 질소를 고정시키는 역할을 합니다. 간벌을 한 뒤 토양을 뒤덮는 식물은 칡입니다. 칡은 콩과식물입니다. 칡덩굴은 흙을 감아 흙의 유실을 막습니다. 민둥산이 된 곳에 아카시아 나무를 심으면 아카시아 나무는 순식간에 퍼져나가 흙을 비옥하게 합니다.

다른 식물이 살 수 있도록 토양을 비옥하게 만드는 초기의 식물은 콩과식물입니다. 야생콩도 칡과 같은 넝쿨형입니다. 재배콩은 야생종에서 육종한 것으로 육종이 오래된 콩일수록 넝쿨이 긴 무한초형입니다. 동부, 팥, 녹두도 넝쿨형입니다. 돌동부, 돌팥, 돌녹두는 작물형보다 넝쿨이 더 깁니다. 두 번 심는 강낭콩이라고 해서 두벌콩, 왜콩이라고 불리는 강낭콩은 넝쿨 강낭콩에서 육종된 것이라고 여겨집니다. 야생에 가까울수록 넝쿨형일 거라는 추측을 해봅니다. 대부분의 콩과식물이 넝쿨형인 이유는 척박한 토양에서 번식하려는 자연의 선택입니다.

흙은 인간의 몸살과 같습니다. 그러니 인간의 몸도 에너지를 얻기 위해 콩과식물을 먹는 것이지요. 콩과식물에는 단백질, 지방, 탄수화물이 주요 성분입니다. 장콩은 단백질과 지방이, 밥밑콩은 탄수화물 함량이 많습니다. 세 개의 성분은 몸의 에너지를 이루는 주요 성분입니다. 인간이 제일 많이 먹는 것도 콩입니다. 현대 식생활이 육류 중심으로 변하면서 콩의 섭취량이 현저히 줄었지만 예전에는 콩 섭취량이 제일 많았으며, 종류도 제일 많았습니다. 이는 토양이나 사람이나 콩과식물에 의존했기 때문입니다.

예부터 콩과 팥은 농사의 기본이었습니다. 팥과 녹두는 토양의 독을 빼주는 기능을 합니다. 마찬가지로 몸의 해독작용을 합니다. 그래서 식중독일 때 녹두를 먹고, 몸의 불순물을 배출하고 귀신을 내쫓기 위해서 팥을 먹는 것입니다. 팥은 한반도가 원산지이고, 녹두는 중국이 원산지입니다. 인간의 몸은 흙과 같습니다. 그러므로 흙을 다루는 것은 곧 인간의 몸을 다루는 것이나 마찬가지입니다.

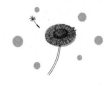

# 익으면 절로 떨어진다

식물의 수확 시기는 식물이 알려줍니다. 토마토는 손을 꼭지에 대고 손가락으로 누르면 꼭지가 떨어집니다. 사과, 참외, 오이, 고추도 그렇습니다. 열매 식물은 꼭지가 수확할 시기를 알려줍니다. 과실에 영양분이 모이면 연결 고리인 꼭지는 노랗게 변하면서 힘을 잃게 됩니다. 태풍에도 대박이 대롱대롱 매달려 있는 경우가 많은데, 병약한 박은 꼭지가 약해 떨어집니다. 건강한 박은 태풍에도 꼭지의 힘을 잃지 않습니다.

꼭지는 영양분이 전달되는 통로로 과실에 씨앗이 충실하도록 역할을 다 하면서 제 수명을 다합니다. 열매가 다 익었는지 알려면 손으로 만져보면 됩니다. 태아도 엄마 뱃속을 벗어나면 탯줄을 자르고 어엿한 독립 개체가 되지요. 또 인간은 살면서 지혜를 얻고 완숙해지면 고개를 숙이잖아요. 완숙한 씨앗의 무게를 목이 감당할 이유가 없으니 목을 뻣뻣하게 세울 일이 없지요. 겸손해지는 것입니다. 자식을 본다는 것은 겸허해지고 순리에 따르겠다는 뜻이겠지요. 자연은 절로 이루어지니까요.

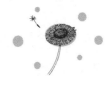

# 깊게 파려면 넓게 파야 한다

사과나무 뿌리를 깊게 내리고 싶으면 땅을 넓게 파야 합니다. 30센티미터 넓이는 30센티미터 깊이를 가질 수 없습니다. 더 넓게 파야 깊게 팔 수 있습니다.

처음에 뿌리를 잘 내리도록 하려면 흙이 부드러워야 합니다. 어릴 때는 뿌리에 힘이 없어 단단한 흙을 뚫고 들어가기 어렵습니다. 수년이 지나 뿌리에 힘이 생겨야 단단한 흙을 파고 들어갑니다. 뿌리가 깊게 내려야 강한 바람에도 견딜 수 있습니다. 뿌리가 잘 내리지 못하면 비바람이 조금만 세져도 쓰러집니다.

사람도 마찬가지입니다. 하체가 튼튼해야 합니다. 하체

가 약한 사람은 오장육부가 병약합니다. 땅을 잘 딛고 서려면 다리가 튼튼해야 한다는 것은 두말할 나위가 없습니다. 뿌리가 깊어 수백 년을 서 있는 나무는 기둥이 손상을 입어도 뻗어나간 가지와 열매에게 영향을 미치지 않습니다. 오백 년이 넘은 느티나무처럼, 삼백 년이 넘은 감나무처럼 말이에요.

뿌리와 줄기는 한 몸입니다. 뿌리가 흙을 단단히 잡고 있어야 가지가 마음대로 뻗어나갑니다. 뿌리는 상상력의 근본이며 상상력은 수많은 가지입니다. 가지는 자신의 법칙에 의해 무한하게 뻗어나갑니다. 오백 년 된 느티나무 몸통 텅 빈 공간에 시멘트를 부어도 느티나무가 죽지 않는 것처럼 말입니다.

# 손으로 농사짓는 이유

'열 자식 모두 제각각'이라는 말이 있습니다. 똑같은 부모 밑에서 나온 자식이라서 부모를 닮은 구석이 분명 있지만 완전히 똑같지는 않습니다. 식물도 그렇지요. 똑같은 종류를 수백 개 심어도 수백 개가 제각각으로 열매 맺습니다. 어떤 것은 병에 걸리고, 어떤 것은 건강하고, 어떤 것은 모양이 독특합니다. 한 가지 품종을 심었는데 모두 다르다니, 놀랍고 신기한 일입니다. 왜냐고요? 뿌리 내린 자리의 토양에 자라는 미생물이 약간씩 다를 것이고, 서 있는 위치에 따라 바람의 세기도 다를 것이며, 볕의 양도 다르기 때문입니다.

농사에서 김매기는 식물을 관찰할 수 있는 가장 중요한

시간입니다. 기계나 제초제로 풀을 한꺼번에 없애면 관찰할 수 있는 기회가 사라집니다. 손으로 하는 농사는 각각을 관찰하며 '열 자식' 모두를 소중하게 다룰 수 있습니다. 손으로 하는 음식이 공장에서 만들어진 음식과 다르듯이 손으로 일을 한다는 것은 소중함의 기본 몸짓이며 정성을 전달하는 일입니다. 손으로 하는 농사는 흙과 식물의 소통 수단으로서 인간과 식물 간의 몸짓 언어입니다.

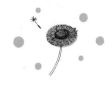

# 가깝지도 멀지도 않게

콩은 40센티미터×50센티미터 간격으로 심습니다. '재식거리'란 식물이 잘 자랄 수 있는 거리를 확보하는 것을 말합니다. 개량 고추의 재식거리는 토종 고추의 재식거리보다 짧아도 됩니다. 개량 고추는 위로 올라가고 재래 고추는 가지가 옆으로 뻗습니다. 그러므로 자신의 농사 방식을 염두에두고 간격을 살펴야 합니다.

표준 매뉴얼을 따르려면 매뉴얼 기준의 종자와 농사 방식을 따라야 합니다. 재식거리가 짧으면 통풍이나 광합성 작용에 영향을 미치고, 거리가 멀면 풀이 점령해버리고, 토양의 활용도가 떨어집니다. 그렇다면 재식거리는 가깝지도 멀지도 않아야 합니다.

식물의 재식거리처럼 인간의 관계도 그러합니다. 가깝지도 멀지도 않아야 탈 없이 지냅니다. 예의를 갖추는 것은 상대방의 배려에서 출발합니다. 너무 가까우면 나무만 보고 숲은 보지 못하고, 너무 멀면 나무는 보지 못합니다. 가깝게 멀리, 멀리 가깝게, 거리를 적당하게 두는 것은 식물의 예의이자 인간의 예의이기도 합니다.

부모와 자식, 친구 사이, 직장 상사와 동료들… 심지어 동물과의 사이에서도 예법이 있습니다. 싸우는 개를 말리다 개에게 물리는 것처럼 화가 가득할 때는 일단 화염 속에서 벗어나야 합니다. 싸움을 말리고 싸움을 피하는 데도 요령이 있는 것이지요. 화를 조절하는 것은 '불가근불가원(不可近不可遠)'의 법칙과 같습니다.

# 모든 존재는 최적화를 향한다

무와 우엉, 생강은 따뜻한 음식입니다. 음식으로서 작물 뿌리는 대체로 따뜻한 성질을 갖습니다. 생강은 한여름에 자랍니다. 뜨거운 햇볕을 피하기 위해 생강은 잎이 가늘고 뾰족합니다. 우엉은 잎이 넓은데요. 잎이 넓으면 태양열을 많이 받아 뿌리를 땅속 깊게 내릴 수 있습니다. 무 잎에 가장자리가 깊이 패어 들어가는 결각(缺刻)이 생기는 것도 햇볕의 양을 덜 받기 위함입니다.

단년생 뿌리는 대체로 결각이 있거나 잎이 넓지 않습니다. 몸의 열 때문에 햇볕을 싫어한다고 보면 됩니다. 열이 많으면 열을 식혀야 하고, 차가우면 열을 받아야 하는 이치와 같습니다. 토란과 연잎은 잎이 넓습니다. 뿌리가 차가운 물 속에 있으니 잎으로 광합성 작용을 충분히 해서 뿌리에 도달시켜야 하기 때문이죠.

콩은 가뭄에서 잘 자라지 않고 수분이 적당한 곳에서 잘 자랍니다. 콩잎이 넓은 이유입니다. 콩잎이 넓어야 탄소 작용을 많이 해서 열매를 많이 맺을 수 있습니다. 순지르기를 하면 콩꽃이 많이 피어나는 이유입니다. 들깨도 마찬가지죠.

잎과 줄기, 뿌리, 열매 등 모두 제각각의 생명을 유지하기 위해 끊임없이 보완 작용을 합니다. 모든 생물은 물리적, 화학적 작용을 위해 최적화되어 있습니다.

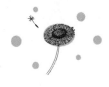

# 평범하게 사는 것이 어렵다

자본주의 사회는 우리 모두에게 뛰어나고 두드러지길 강요합니다. 평범하면 주목받지 못한다고 끝없이 암시합니다. 유튜브나 소셜미디어를 보세요. 모든 개인이 자기를 효과적으로 드러내고 싶어 하고 유명해지고 싶어 합니다. 유명할수록 돈이 들어오니까요. 평범한 개인이 생계형으로 다수를 향해 자신을 드러내는 겁니다. 주목받지 못하면 생계를 유지하기 어렵습니다.

농사에 대한 관심이 커지다 보니 농부들도 소셜미디어를 통해 정보를 얻거나 유튜브를 통해 소득을 올리려고 합니다. 몇 년 전에 농사를 배우러 온 젊은이가 자신이 농사를 짓는 것을 동영상을 촬영하느라 정작 농사보다 촬영에 열을 올립니다. 방에는 촬영에 필요한 장치들을 늘어놓습니다. 그는 초보 농사꾼이 유튜브를 통해 얼마나 많은 돈을 버는지 말합니다. 또 어떤 젊은 친구는 농부가 되겠다고 찾아와 자신의 계획을 말합니다. 농사를 짓고, 몇 년 뒤에는 자신의 경험을 책으로 쓸 것이고 40대에는 무엇을 할 것이라고…. 들어보니, 자립하는 삶에 대한 관심보다 '유명한 농부'가 되는 데 관심이 더 많더군요. 결국 두 사람은 계획대로 되지 않는 삶을 비관하며 도시로 돌아가서 근근이 살아가고 있습니다.

예전에는 농민들이 가장 평범하며 가장 지혜로운 자들이었습니다. 전쟁 시기에는 이데올로기에 희생된 양민이었으며, 격변의 시기에는 묵묵히 순응하는 삶을 살고자 했던 농민들은 최후의 시기에는 공생 공존을 위해 무기를 들었던 동학 혁명의 주체이기도 했습니다.

미물도 허투루 보지 않는 것도 농민이요, 거대한 자연의 변화를 예의주시하는 것도 농민입니다. 가장 평범한 생명의 지혜를 지녔고 지속적인 삶을 위해 묵연하게 살아가지만 이들에게는 정치나 사회가 별로 주목하지 않습니다.
어쩌면 그래서 가장 평온한 삶을 살아가는지도 모릅니다.
자연을 통해 모든 분야에서 자립할 수 있고요.

　씨앗을 잃어버린 세상. 소셜미디어 세상에서 드러내지
않고 씨앗의 삶을 산다는 것은 참으로 어려운 일 같습니다.

# 뭉치면 죽고 흩어지면 산다

씨앗들은 자신의 종족을 퍼뜨리기 위해 다양한 방식으로 이동합니다. 무역과 사람들의 왕래로 씨앗과 곤충, 동물, 미생물 등 자연의 개체들이 태어난 고향을 떠나 전 세계로 흩어졌습니다. 요즘 같은 시대에 출생지는 의미가 없는지도 모릅니다.

흩어질수록 생존 영역은 넓어지고 대를 이어갈 기회도 많아집니다.

'뭉치면 살고 흩어지면 죽는다'는 말은 요즘 관점에서 보면 맞기도 하고 틀리기도 합니다. 아니, 현대에는 오히려 '뭉치면 죽고 흩어지면 산다'는 편이 더 나을지도 모릅니다.

뭉치면 뭉칠수록 단위는 커지고, 커지면 커질수록 효율적 관리 시스템을 필요로 하게 됩니다. 뭉칠수록 수직적이고 폭력적으로 바뀝니다. 유목 문화에서 정착 문화로 바뀌고, 농업 문명이 도시를 중심으로 한 산업자본주의 문명으로 변하면서 나타난 결과들을 보면 바로 이해할 수 있습니다.

　쓰레기만 해도 그래요. 중앙으로 모을수록 쓰레기 처리에 거대한 공장이 필요해지고 에너지가 더 많이 소요됩니다. 도시에서는 처리 시스템이 필요하지만 농촌에서는 조금 달리 생각해볼 필요가 있습니다. 농촌에서는 땅에 농사를 짓습니다. 유기물이 필요합니다. 음식 쓰레기와 동물과 사람의 분뇨는 퇴비로 사용할 수 있습니다. 농가에서는 전통 방식으로 인분을 처리하도록 해야 합니다.

　문제는 플라스틱과 비닐입니다. 농가에서 나오는 소량의 탄소화합물은 태워서 땅에 묻는 것이 현실적입니다. 시골에서도 쓰레기를 중앙집권적으로 처리하면 과부하가 걸린 쓰레기를 수출입하는 나라가 될 뿐입니다. 대한민국이 깨끗한 나라가 되려고 우리보다 덜 개발된 국가에 이를 팔아 치우고, 우리는 일본 쓰레기를 수입하는 먹히고 먹는 악순환 구조가 발생하는 거죠.

이제는 도시 인구를 분산해야 합니다. 기업도 쪼개야 하고, 교육도 소규모로 해야 합니다. 마을도 작은 단위로 구성해야 합니다. 작을수록 비용이 절감되고 폭력도 덜 생깁니다. 씨앗 한 톨이 수많은 씨앗이 되어 사방으로 흩어져야 지속성을 보장할 수 있는 것처럼.

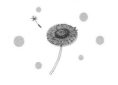

# 털기를 잘해야
# 시작도 잘한다

1970년대에는 주판으로 '털고 놓기'를 했습니다. 그간 계산한 것을 엄지와 검지로 주르르 털면서 제로로 만드는 것인데요. 이를 주산 용어로 '털기'라고 합니다. 털기는 '즉각' 한 치의 머뭇거림도 없이 실행하는 것을 뜻합니다. '털기'를 잘하는 사람은 드라마틱한 인생을 삽니다.

저는 '털기'를 잘했습니다. 하고 싶은 것을 주저 없이 했지요. 앞뒤 꼼꼼히 계산한다면 털기를 못할 확률이 높습니다. 저처럼 덤벙대는 사람이 오히려 잘할 수도 있습니다.

식물은 생명이 위협받는 상황이 오면 미련 없이 털어내고 새로 시작합니다. 그 행위가 바로 빨리 씨앗을 맺는 것입니다. 고냉성 배추와 상추는 한여름 고온에서는 적응력이 떨어지므로 씨앗을 빨리 맺으려고 웃자랍니다. 고추와 토마토가 냉해를 입으면 빨리 과실을 맺어 씨앗을 만듭니다. 콩이나 들깨 가지를 순지르기 하면 많은 꽃을 피워 씨앗을 맺습니다. 식물은 위협이 오면 씨앗을 남기려고 온힘을 합니다.

털기란 사실 닥친 환경에 순응하는 것이지요. 내가 뿌린 씨앗을 꼭 내가 거둬야 할 것은 아니니까요. 다음 세대에서 피어나길 기대해도 좋으니까요.

인간은 어떨까요? 사람들도 부양해야 할 '어깨의 무거움'이 있으면 '털기'가 쉽지 않습니다. 부모가 되는 것은 업(業, karma)을 쌓는 일인데요. 자신이 쌓은 업(인생의 목적이 자식을 부양하는 것으로 업이 변합니다)을 대개 자식에게 물려줍니다. 부모로서 양육에 전념하는 것은 생명으로서 씨앗으로서 감당하는 가장 큰 업입니다. 그러므로 '털기'는 자신의 업을 잘 이해하는 일이기도 합니다.

# 유유상종의 이유

식물에서는 종(種), 과(科)를 분류합니다. 과는 꽃모양에 의해 분류하는데 화본과 십자화과 가지과는 교잡율이 높습니다. 십자화과인 갓, 유채, 배추는 벌과 나비로 사방 1킬로미터에서 교잡이 빈번하며 4킬로미터까지 이동합니다. 교통이 덜 발달한 시대에는 멀리서 시집오는 경우가 매우 드물었습니다. 주로 가까운 거리에 있는 사람들끼리 결혼을 했거든요. 경기도 화성에서 씨앗 조사를 해보니 이웃 평택에서 시집을 온 할머니들이 많았습니다.

식물도 동물도 인근에서 맺어집니다. 사람도 비슷한 성향의 사람끼리 잘 어울리죠. 성향이 비슷한 사람은 얼굴이

나 말투 등에서도 공통점이 보입니다. 외모는 신체 내부를 표현합니다. 교잡율이 높을수록 서로 끌립니다. 자신과 맞지 않는 에너지는 반응하지 않거나 밀쳐냅니다. 자석의 원리와 같습니다.

에너지는 모양새와 기질로 표현됩니다. 얼굴이 비슷하면 기질도 비슷합니다. 얼굴은 장부의 허실을 드러냅니다. 서로 다른 환경에서 자랐지만 무엇인가에 끌려 부부의 연을 맺거나 막역한 관계로 이어지는 것은 부합하는 연결고리가 작용한 까닭입니다. 부부를 보면 서로 닮은 경우가 많습니다. 처음에는 닮지 않았지만 한솥밥을 먹고, 같이 살면서 닮아갑니다. 자신이 기르는 개조차도 주인을 닮습니다. 개는 생존을 위해 주인의 기질과 성향에 맞춰 충실한 개로 거듭납니다. '하느님이 자신의 모양을 본떠 인간을 만들었다'는 성경 구절은 이런 뜻입니다.

자식이 부모를 닮는 것, 시어머니를 닮아가는 며느리. 이 모두 익숙해지고 적응한 결과입니다. 동일한 에너지로 감응하거나 한 에너지가 작용한 고리가 다른 에너지에 작용해 서로 비슷해집니다. 이를 불교에서는 '인연(因緣)'이라고 부릅니다. 얼굴색과 피부색이 약간 다르지만 문화가 비슷한 베트남 여성들이 한국에 시집을 많이 오는 이유도 그렇습니다. 그렇다고 반드시 유유상종만 있는 것은 아닙니다. 씨앗이 어디를 못 가겠습니까?

~ 3장 ~
맺기

# 씨앗으로 세상 읽기

# 삶의 양식이 변하면
# 의식도 달라진다

1970년대 들어오면서 정부는 "한두 명만 낳아 잘 기르자"고 외칩니다. 이른바 관주도 가족계획을 대대적으로 펼친 거예요. 자식이 한두 명이니 부모들은 자식에게 극진합니다. 과외 교육이 필수 코스가 되고 자식들은 이제 집안의 왕으로 군림합니다.

자식이 여러 명이면 정성도 신경 쓰임도 분산되지만 기껏해야 한두 명이니 거의 모든 부모가 자식을 상전으로 떠받들게 되었습니다. 부모님은 물론 동네 어른들의 잔심부름까지 하면서 자랐던 저의 세대는 어른이 되어 거꾸로 아이들의 심부름을 하며 사는 처지가 되었습니다.

아이들은 더 이상 부모의 말에 집중하지 않습니다. 어느새 그들에게는 입시와 성적과 경쟁이 전부가 되었습니다. 생활에서 부모가 가르칠 것은 없습니다. 세탁기와 건조기, 전자레인지와 로봇청소기, 공기청정기와 에어컨디셔너가 일반화된 요즘, 모든 게 한두 마디 명령어로 작동되는 요즘이니 부모들은 굳이 자식에게 먹고살기 위한 생활에 힘쓰는 교육을 시킬 필요가 없어졌습니다. 그저 좋은 직업을 갖기 위한 공부에만 전념하게 해주면 됩니다.

1980년대와 1990년대를 지나며 우리는 씨앗을 잃었고, 자급자족할 수 있는 자립 능력을 잃었고, 편리한 문명 도구의 노예를 자처하면서 제 발로 자본의 시종이 되었습니다. 단지, 씨앗 하나 잃어버렸는 줄 알았는데 말입니다.

# '성장'과 '성인'의 참뜻

'성장(成長)'이라는 말을 참 자주 씁니다. 국어사전을 찾아보면 성장이란 "①사람이나 동식물 따위가 자라서 점점 커짐. ②사물의 규모나 세력 따위가 점점 커짐. ③생물체의 크기·무게·부피가 증가하는 일로 발육(發育)과는 구별되며, 형태의 변화가 따르지 않는 증량(增量)을 이른다"고 나옵니다. 결국 성장이란 살아 있는 모든 것, 그리고 생명을 가지지는 않았지만 생명체처럼 기능하는 모든 것에 해당하는 현상일 것입니다.

경제 성장은 여전히 지구상 모든 나라의 지상 목표입니다. 너도 나도 성장을 외칩니다. 그렇다면 성장의 끝은 대체 어디일까요? 성장에는 끝이 없는 걸까요?

만물은 생로병사(生老病死)를 거칩니다. 우리는 성장이라는 말을 입에 달고 살지만 성장 역시 멈추거나 쇠퇴할 수 있습니다. 성장이라는 현상 자체가 유기체처럼 기능하기 때문입니다. 경제도 마찬가지예요. 성장이 있으면 반드시 쇠퇴가 따라옵니다. 오늘날의 경제만 봐도 그렇습니다.

국가는 경제 성장 초기에 보호무역(保護貿易)을 선호합니다. 보호무역이란 자국의 산업을 보호하고 육성하기 위해 정부가 앞장서 대외 무역을 간섭하고, 수입에 여러 제한을 두는 무역 형태인데요. 주로 19세기에 독일과 미국 등지에서 채택했던 무역 형태입니다.

그런데 자국 경제를 보호하다 보니 축적이 넘치게 되었습니다. 다시 시장 경제의 논리가 필요합니다. 20세기 이후 국가들이 정부의 시장 개입을 지양하면서 보다 자유로운 경쟁 체제를 더욱 강화하자고 신자유주의(新自由主義)를 외치게 된 배경이지요. 자연스레 다국적 기업이 우후죽순 퍼지고 성장합니다. 2019년, 세계는 다시 보호무역을 주장합니다. 먹고 쓰기만 하는 경제는 결국 고갈되고 다른 착취를 감행한다는 것을 뼈저리게 경험한 탓일까요?

돈이란 돌고 도는 것입니다. 누군가의 손에서 다른 누군가의 손으로 가는 법이지요. 얻는 자가 있으면 잃는 자가 있습니다. 하지만 자본주의 경제 논리에서는 얻는 자가 언제나 더 많이 얻으려 합니다. 얻는 게 적어지면 그때는 없는 자를 착취하려 듭니다.

생명도 성장이 끝나면 쇠락합니다. 성장을 다 마친 사람을 우리는 성인(成人)이라 합니다. 그런데 역으로 생각해 보면, 성인이란 곧 '썩어간다'는 말과 같습니다. 왜냐고요? 성장 다음에 오는 단계는 필연적으로 쇠락이니까요.

어쩌면 사람은 태어난 순간부터 죽음을 향해 걸어가는 것인지도 모릅니다. 좀 과하다고요? 아닙니다. 삶은 죽음의 이면입니다. 삶과 죽음은 곧 동전의 양면과 같아요. 특히 다양한 층위의 생명체가 모인 사회에서는 더욱 그렇습니다. 왜냐하면 한 개체의 성장은 다른 개체의 죽음을 전제로 하기 때문입니다.

현대 사회의 의식체계는 오로지 일직선으로 나아갑니다. 앞으로 가는 것을 전제로 합니다. 역사관도 사회관도 그렇습니다. 이는 곧 산업 자본주의가 갖는 특성, 즉 일방향성의 관점을 보여줍니다.

어두운 밤길을 걷거나 운전할 때 갑자기 앞이 캄캄해지면 방향을 잃고 헤매게 됩니다. 만일 그때 아주 빠른 속도로 걷거나 운전하고 있었다면 길에서 이탈하는 사고가 동반될지도 모릅니다. 속도에 몰입한 나머지 옆도 뒤도 돌아보지 않았기에 위험성은 더 높아지지요.

우리의 삶도 그렇습니다. 삶의 속도가 빨라지면 빨라질수록 다른 곳을 돌아볼 여유를 잃게 됩니다. 빠른 걸음은 주변을 돌아볼 기회를 빼앗아갑니다. 성장 속도에 따라 씨앗을 잃었듯이 우리의 의식조차 놓쳐버린 것은 아닐까요?

# 버려진 대물림 약손,
# 내맡긴 병원과 약국

1974년의 일입니다. 당시에는 학교에서 돌아온 어린이들이 생활에 보탬이 되는 일을 했답니다. 저도 그랬어요. 점심도 먹지 않고 옆집 할머님이랑 함께 쑥을 캐러 나갔습니다. 오후 5시경 집에 돌아왔는데 어찌나 허기가 졌던지 밥에 찐 밀가루 빵을 허겁지겁 먹고서 그만 탈이 나고 말았습니다.

그즈음에는 병원과 약국이 흔하지 않았어요. 주로 가정에서 병을 다스리고 치료하고 그랬습니다. 저는 어른들이 시키는 대로 소다를 한 움큼 집어 먹었습니다. 하지만 별로 효과가 없었습니다. 그러자 어머니께서 저를 데리고 '빼는 곳'에 갔습니다(손가락을 목구멍 깊이 넣고 토하게 만드는 전문가). 역시 소용이 없었습니다. 이튿날이 되자 몸이 붓고 몸 놀림도 둔해졌습니다. 결국 의원에 갔는데, 의사는 감기라고 하면서 주사와 약을 처방해주었습니다. 하지만 며칠이 지나도록 나을 기미는 보이지 않았고 부기만 더 차올라 급기야 숨까지 막힐 정도가 되었어요. 눕는 것조차 불가능해져 앉아서 쪽잠을 자야 했습니다. 마음이 급해진 가족들은 저를 데리고 몇 군데 병원을 더 돌아보았지만 병명을 알 수 없었습니다. 모두들 발만 동동 굴렀지요. 그 모습을 본 동네 사람들은 "아이를 죽일 참이냐?"면서 "유명한 무당 ○○○을 찾아가라"고 조언했습니다. 천주교 신자였던 어머니는 주저하다가 자식 목숨부터 건지자는 마음으로 무당을 불러 굿을 했습니다. 저는 이상하게도 굿을 한 날 밤부터 부기(浮氣)가 빠지기 시작하더니 무당이 알려준 한의원에서 몇 차례 침을 맞은 뒤 회복되었습니다.

오늘날 우리들은 조금만 아파도 병원에 갑니다. 감기에 걸려도 병원에 가고 머리가 아파도 병원에 갑니다. 약이나 병원 먼저 찾는 게 일상입니다. 하지만 제가 어렸을 적만 해도 상황이 조금 달랐습니다. 감기에 걸리면 학교에 가지 않았습니다. 어머니는 제게 이불을 뒤집어쓰고 누워 끙끙 앓게 했습니다. 그 사이 파뿌리와 콩나물뿌리를 흑설탕에 재워 부뚜막에서 진액을 우려내어 마신 다음 잠을 푹 자게 했지요. 그러면 다음 날 거뜬하게 자리를 차고 일어날 수 있었습니다. 네, 바로 민간 치료법입니다. 집집마다 선호하는 씨앗이 달랐던 것처럼 가정마다 다양한 치료 방식이 있었던 시절입니다.

'엄마손이 약손'이라는 전설은 또 어떻게 사라졌을까요? 역시 어린 시절의 기억입니다. 저녁을 먹고 심심하던 저는 만화방에 가서 벽 유리 틈 사이로 〈여로〉라는 드라마를 몰래 보았습니다. 그때 텔레비전에서 가장 많이 본 광고가 '판콜A'라는 감기약 광고였어요. "기침 감기에는 판콜A"라고 외치던 아리따운 목소리를 따라 판콜A는 우리 사회에 혁명에 버금가는 변화를 이끌어냈습니다. 어떤 팔순 할머님은 아직도 기침 감기에 '판콜 A'를 먹을 정도로요.

감기약 광고가 나오면서 소화가 안 되거나 체하면 사람들은 소다 대신 '부채표 가스 활명수'를 먹었지요. 우리는 그 당시 약국을 '약방'이라 불렀습니다. 1980년대에는 동네마다 예전의 '점방'마냥 약방이 하나둘씩 생겼고, 진통제로 아스피린, 게보린, 타이레놀이 차례대로 판매되었지요. 생리대는 어땠을까요? 면으로 만든 천 생리대를 쓰던 여성들은 약국에서 '프리덤'을 사서 쓰기 시작했습니다.

체하면 손을 따고 배를 쓰다듬고 더 심할 때면 '빼는 곳'에 갔던 우리의 병은 점점 아주 작은 증상에도 동네 약국과 병원 먼저 찾는 길을 걷게 되었습니다. 왜 아픈지, 어떤 이유 때문에 이런 증상이 왔는지 꼼꼼히 생각할 겨를도 없습니다. 약국 먼저 달려가서 "어디가 아파요"라고 말하면 약사가 알아서 약을 건네주니까요. 어떤 증상이 나타나든 스스로 생각할 필요가 없어진 것입니다.

약손인 엄마손은 점점 내 몸에서 멀어졌고, 약과 병원과 의사가 엄마손을 대신했습니다. 그런데 정말 달라진 점은 생명을 지켜야 할 제약회사와 병원 기업이 돈에 의해 움직인다는 사실입니다. 의사로부터 청진기는 사라지고 대신 저밀도에서 고밀도의 값비싼 촬영기계로 대신합니다. 장기간의 치료는 즉각 수술이라는 것으로 대체됩니다. 마치 기계의 부속품처럼 다루어지는 것이 인간의 몸이며, 기계 부품을 갈아 끼고 수리하는 기계공이 의사가 된 것이지요. 병원 방문은 일상이 되었지만 병원을 가는 것이 겁이 납니다. 한 번 가면 몸이 쉽게 빠져 나올 수 없는 늪처럼 빼고, 자르고, 붙이는 것을 아무렇지도 않게 합니다. 의학적 상식을 모르는 환자는 그저 몸을 내맡길 수밖에 없는 것이지요.

농부가 씨앗을 잃어버리고 종자회사가 농약상의 입을 통해 선전하는 씨앗과 농약을 구입하여 농사짓고, 그저 농산물을 많이 팔아야 먹고살 수 있게 된 것과 맥을 같이하는 현상입니다.

# 스마트폰이 가져온
# 스트레스의 일상화

1990년대는 풍요의 극점이었습니다. 컴퓨터가 집 안으로 들어왔고, 휴대폰이 생겼습니다. 언제 어디서나 연락을 주고받을 수 있는 이동전화는 '빠른 속도'라는 사회적 가치를 실현해주었습니다. 기다림은 어느 순간부터인가 어리석은 일이 되었습니다.

어린 시절, 저는 엄마와 함께 매섭게 추운 겨울날, 버스 정류장에서 한 시간 넘도록 아버지를 기다리며 서 있곤 했습니다. 도착 시간이 넘어도 버스가 오지 않는 경우가 많았지만 그냥 묵묵히 기다리는 것 외에는 달리 방법이 없었어요. 요즘이야 연락할 방법 없이 무작정 누군가를 기다리는 게 피를 말리는 통증처럼 버거운 일이지만 그 당시의 기다림은 놀이처럼 즐거웠습니다. 사랑하는 가족을 만나는 일이었고 아빠의 손에 들린 군것질을 만나는 일이었으니까요. 추위 따위 별거 아니었습니다.

기다림이 사라지면서 인내심도 함께 사라졌습니다. 휴대폰이 등장하면서 상대방과 수시로 동선을 확인하게 되어 불안감은 많이 사라졌지만 스트레스는 도리어 증폭되었습니다. 통화를 하고 확인하지 않으면 믿을 수 없도록 서로의 믿음을 가볍게 만들었습니다. 빛의 속도마저 따라 잡을 듯한 '편한' 세상은 갈수록 더 많은 일과 더 바쁜 일상을 만듭니다.

실시간 카톡방이나 블로그, SNS는 일상을 나열하고 일상의 대화가 오가면서 눈을 떼지 못하게 하고, 관찰하고 성찰하는 시간, 멍 때리는 시간을 없애고 스마트폰을 몸에서 떼지 못하도록 하여 스마트폰이 없으면 세상과 단절된 느낌을 가지면서 오히려 불안케 합니다.

이제 스트레스는 어느 순간 특정한 일에 반응하여 생기는 것이 아닌 세상이 되었습니다. 바로 스트레스의 일상화죠. 어딜 가나 원인이 없는 증상에는 으레 '스트레스가 주범'이라는 진단이 나오고, 우리는 밥 먹듯 "스트레스 때문에 죽겠어"라고 하소연합니다. 스마트폰은 우리의 몸과 마음을 완전히 점령했습니다.

# 풍요로운 것이
# 건강한 생활이었을까?

자동차와 반도체를 수출하자 해외에서 식량이 들어옵니다. 시장과 식탁은 외국에서 들어온 것들로 넘쳐납니다. 바나나 하나 먹어보는 것이 소원이었던 시절이 무색할 만큼 바나나가 지천입니다. 명절에, 혹은 귀한 손님이 올 때나 맛보았던 사과와 복숭아, 배는 일상적으로 먹을 수 있는 간식이 되었습니다. 쌀 대신 고구마와 옥수수를 넣었던 밥그릇도 더는 구경할 수 없습니다. 고구마, 감자, 옥수수는 간식이거든요.

수많은 과자가 넘쳐나고, 컵라면부터 피자에 이르기까지 각종 패스트푸드와 냉동식품이 넘쳐납니다. 서양인들이 즐기던 프라이드치킨과 소시지, 스테이크, 샐러드, 치즈가 술안주로 간식으로 밤낮없이 상에 오르내립니다. 명절에 즐겼던 소고기, 사위가 오면 잡았던 닭고기와 돼지고기는 이제 퇴근길 골목에서 소주와 함께 즐기면 그만입니다. '커피 한잔'은 지금 밥보다 비싸지만 우리는 개의치 않습니다. 오히려 더 비싼 커피를 마시러 다니며 이런 것을 자랑합니다. 수도자들의 심신을 맑게 해주던 각종 차(茶)는 현대인의 음료가 되었습니다.

그런데 참 신기합니다. 슈퍼에서 대형 마트에 이르기까지 온갖 식품을 더 많이 제공하는데도 우리 몸은 더욱더 건강해지기는커녕 시들어갑니다. 동네마다 병원의 수도 늘어만 갑니다. 버튼만 누르면 배달되는 음식을 먹으며 편리한 생활을 즐기는데도 사는 건 점점 힘들어집니다. 빚까지 내가며 힘들게 대학을 마쳐도 일자리는 없습니다. 나라에서 건강을 책임져준다는데도 웬일인지 식탁 위에 약봉지만 쌓입니다.

우리는 정말 풍요롭고 행복한 시대를 살고 있을까요? 내 소유의 자동차를 굴려보고, 우아한 레스토랑에 앉아 와

인을 마시고 스테이크를 자르며 데이트를 했고, 매일 다른 옷으로 갈아입고, 버튼 하나로 로봇들을 부리는 고도로 시스템화한 세상인데, 대체 무엇이 문제인 걸까요?

# 화려한 시기는 저물고

1990년대 말 대한민국은 초토화되었습니다. 경제는 물론 나라 전체가 그랬어요. 1997년 'IMF 구제금융요청'이란 전대미문의 사건을 거치면서 벌어진 일입니다. 이후 우리는 대한민국을 돌아볼 때 '1997년 이전'과 '1997년 이후'라는 기준을 사용하게 됩니다.

당시 상황을 돌아볼게요. 직장인들은 강제로 퇴직을 종용받아 일자리를 잃었습니다. 계약직이란 말이 공공연하게 사용되기 시작하고, 하루아침에 일터를 잃은 집안의 가장들은 자영업으로 내몰립니다. 그러나 자영업 시장도 위험하기는 마찬가지였어요. 농촌의 사정도 별반 다르지 않았습니다. 대표적인 현상으로 구제역과 유행성 바이러스로 축산 농가가 무너진 것을 들 수 있습니다. 암환자 수도 급증했습니다.

대한민국의 1997년은 "급하게 오른 나무에 먹을 것 없다"는 말이 그저 그런 고루한 속담이 아니란 것을 보여준 해입니다. 밑에서 나무기둥을 슬쩍 치고 지나갔을 뿐인데 대한민국이라는 나무는 뿌리째 흔들렸습니다. 그 바람에 대한민국의 국민들은 졸지에 백척간두에 서게 되었지요.

1997년 이후 대한민국 사람들의 삶은 완전히 바뀝니다. 평생직장 개념이 사라졌고, 너 나 할 것 없이 노동의 지속성을 고민해야 했으며, 점점 줄어드는 빈 의자에 앉기 위해 경쟁의 시작점이 유치원으로 내려가는 끔찍한 사회를 견뎌야 했습니다. 씨앗을 내줄 자식이 농촌을 떠나자 부모들은 씨앗을 버리고 요양원에서 인생을 마감합니다.

우리가 숨 쉬고 있는 2020년의 자화상도 별로 다르지 않아요. 그저 먹고살기 위해 허리띠를 졸라맸고, 우리 아이들이 나보다 잘살기를 원해 교육에 헌신했고, 더 나은 세상을 위해 밤낮없이 일했지만 결과는 처참합니다. 우리의 부모들은, 그리고 우리 세대는, 대체 무엇을 잘못한 걸까요? 어떤 실마리를 놓쳤을까요?

이제 사람들은 생명의 시작이자 끝인 잃어버린 씨앗을 찾아 나서고 있습니다. 잃어버린 씨앗을 다시 찾았을 때, 모든 것이 뒤엉키고 가치가 전도된 우리 사회의 문제의 실마리도 풀리지 않을까요?

# 내가 변해야 세상이 변한다

연예인 '송송커플'이 이혼했다고 해서 한동안 인터넷 검색
창에 난리가 났던 적이 있습니다. 그들은 "다름을 극복하
지 못했습니다"라고 이혼 사유를 밝혔는데 제가 보기엔
"다름을 인정하지 않았습니다"라고 말하는 편이 옳아 보입
니다.

결혼한 많은 사람들이 "막상 결혼하고 보니 맞지 않는
구석이 자꾸 튀어나온다"면서 어려움을 호소합니다. 생활
을 함께하는 데엔 사실 거창한 논리나 이념의 방향이 중요
한 게 아닙니다. 소소한 습관이나 기호가 더 중요하지요. 치
약 튜브 짜기 같은 건 진부한 예니까 던져버린다 해도 별 볼

일 없어 보이는 일들이 문제를 일으키는 건 맞습니다. 잠을 자는 방법, 옷장을 정리하는 법, 싱크대 찬장에 그릇 두는 방법, 요리할 때 사용하는 조미료의 양, 즐겨보는 뉴스 시간대 등등 사실 다르게 자란 두 사람이 같은 공간 같은 시간을 공유하는 데엔 크나큰 도전이 필요하지요.

함께 오랫동안 같은 일을 하던 도반(道伴)이 있습니다. 마을 도로 포장 문제로 일부 마을 사람과 갈등이 있었는데 의견을 달리하는 분이 저에게 심대하게 위협했지만 그는 뒤에서 상황을 지켜보기만 했습니다. 당혹스런 상황이 끝난 뒤 저는 그에게 화가 났습니다. "이런 상황에도 뒤에서 보기나 하고, 욕먹는 일은 내가 하고, 너는 내 뒤에 숨어서 좋은 소리나 듣는다. 비겁하다"고요. 그는 갈등이 싫다면서 억울한 일이 있어도 앞에서 따지지 않고 늘 혼자 삭힙니다.

시간이 지나고 입장을 바꾸어 생각해봤습니다. '나는 그럼 누군가의 뒤에서만 있을 수 있을까?' 하고요. 저는 오지랖이 넓은 편이라 나서는 데 주저하지 않고, 남이 뭐라든 내 의사를 분명히 하는 성향이었습니다. 만약 그가 저와 같은 성향의 사람이라면 우리가 오랫동안 이렇게 잘 어우러

질 수 있었을까 생각해봤습니다.

앞에 서는 사람이 있으면 뒤에 서는 사람도 있게 마련입니다. 우리 관계에서는 다만 제가 앞에 서고 그가 뒤에 있는 게 자연스럽고 편했던 겁니다. 오히려 서로 성향이 달랐기 때문에 호흡이 잘 맞은 것이죠. 그가 매사 "내가 더 잘났는데?" 하면서 촉각을 곤두세웠다면 우리는 서로를 경쟁 상대로 여길 수밖에 없었을 겁니다. 하지만 그는 옆에서 뒤에서 나를 지켜보았습니다. 그를 보면서 저는 길게 사는 사람이 있는 것은 짧게 사는 사람이 있기 때문임을 깨달았습니다.

그 뒤로 저는 그와 갈등 없이 지내고 그를 존경의 마음으로 대합니다. 저의 고통을 '대신 이고 가는 자'로 진정한 도반으로, 제가 뒤로 물러서면 그가 앞에 나서서 일을 해결해주기도 합니다. 제가 변하니 그도 변했습니다.

# 획일적인 교육은
# 언제부터 시작되었나?

우리는 다름을 인정하는 방법을 제대로 배운 적이 없습니다. 조선시대에는 양반 자제(子弟) 중심의 서원이나 향교 등으로 구성된 작은 사적기관에서 교육을 도맡았는데 나중엔 이들 서원을 중심으로 학파를 형성하게 됩니다. 일반 서민들이 공부할 수 있는 곳은 서당 정도였습니다. 당시 잡과(雜科)라고 불렸던 의학이나 천문학, 목공 등을 배우려면 이름난 장인의 문하생으로 들어가야 했지요.

　일제강점기가 되면서 '황국의 신민이 되는' 데 초점이 맞추어진 교육을 받았습니다. 개인의 건강한 발달 따위는 개나 줘버린 지 오래된 터였습니다. 교실 상황은요? 수십 명이 교사 한 사람의 지도 아래 공부했고, 효율적으로 관리한다는 명분에 힘입어 일방적인 암기식 교육만 횡행했습니다. 일제강점기의 교육은 한민족에게 '일본 문화가 더 우수하다'는 것을 전파하고 우리 고유의 문화를 말살하려는 했던 흑백 논리로 가득 찬 교육이었습니다. 한마디로 개인의 차이, 창의성, 상상력을 말살하는 교육이었습니다.

일제의 '관리 교육'은 실체가 분명합니다. '건강한 마음은 건강한 육체로부터 나온다'는 진리를 외면한 채 몸과 정신을 분리시켜 생활에서 자연스레 이루어지는 체력 증강을 차단하고, 몸을 사용하는 집단을 천대하고, 책상 머리맡에 앉아서 선생이 가르쳐준 대로 답하면서 필기시험으로 순위를 평가 받는 것이 본질입니다. 교묘하게 경쟁을 부추겼습니다. 다양한 분야, 색다른 이론, 차이 나는 관점을 맛보고 수용하게 해주기는커녕 오로지 권력에 헌신하고 목숨을 바치는 '충성 교육'을 강조했습니다. 그로부터 백여 년이 흘렀는데도 우리 교육이 여전히 천편일률적이고 일방향이며 기존 권력을 정당화하고 세습하는 수단으로 작동하게 된 이유입니다.

# 일제강점기의 그늘은
# 여전히 짙다

해방 이후에도 교육제도는 변하지 않았습니다. 또래집단 학생들은 일회성 시험과 성적으로 교육능력과 효과를 평가받습니다. 책상을 떠난 신체의 움직임은 '놀이'로 취급되며, 책상머리와 한 몸이 되어 밑줄 열심히 긋고 부지런히 암기하는 것이 진정한 공부의 왕도로 자리 잡은 지 이미 오래입니다. 우리나라에서는 '학문'도 그렇게 합니다. 학문에서도 효율성을 갑으로 치기 때문입니다. 그래서일까요? 대한민국에는 유독 대학졸업자가 많고, 석사 이상 과정을 공부한 사람이 많습니다. 건강을 위한 신체 단련은 프로그램도 제가 고등학교에 다닐 때까지 '어떤 종목 몇 초에 몇 회' 하는 식으로 평가 받았지요.

　나라의 근간인 교육만이 아니라 정치, 사회, 문화 등 모든 면면에 일제의 흔적이 남아 있습니다. 지배층의 부와 권력도 그대로 유지됐습니다. 백 년이 넘은 지금도 여전히 일제에 아첨해서 한민족 말살에 앞장섰던 권력가들이 대를 이어 권력의 핵심층을 구성하고 있잖아요. 청산을 이야기하면 쥐도 새도 모르게 제거됐습니다. 우리가 사용하고 있는 농업 용어도 출판용어도 일본말을 그대로 옮겨왔고, 저희 세대의 필독서였던 『성문종합영어』도 일본의 영어 학습서를 그대로 베꼈습니다. 서양의 고전들도 일본판을 기준으로 번역해서 읽었지요. 그렇게 우리의 정신은 야금야금 일본에게 먹혀 들어갔습니다. 일본인 총독의 마지막 말을 기억하시죠? "우리는 떠나지만 우리는 조선인의 영혼을 빼앗았다. 조선인이 그들의 영혼을 되찾으려면 백 년 이상 걸릴 것이다." 오늘, 우리의 모습을 돌아보세요. 한일관계는 여전히 섬뜩합니다.

# 전문가의 다단계 시스템

현대의 학습은 일률적인 공부 후에 '아느냐? 모르느냐?'를 판가름하는 데 올인합니다. 전통적인 학습 방식은 이와 다릅니다. 학습자가 제 속도에 맞춰 공부하고, 자연스럽게 몸에 익을 때까지 익히고, 스스로 체득하며 깨닫는 것을 중요하게 여겼습니다. 전통적인 공부에서는 배움이 곧 지혜가 될 수 있었지요. 그러나 학교 교육은 생활 지식과 별도로 작동합니다. 입시 공부도 입사 공부도 하나같이 생활과 완전히 분리된 지식입니다.

이 같은 분절은 심각한 속박을 초래합니다. 생활도구를 예로 들어볼게요. 우리가 편리하게 사용하는 기기를 다루는 데에는 거창한 지식이 필요 없습니다. 일상에 깊이 침투해 있는 가전제품들은 매뉴얼만 있으면 얼마든지 작동할 수 있습니다. 경제적인 여유만 있으면 도구들을 '상시 버전 업' 하면서 모던하게 삶을 즐길 수도 있지요. 그러니 생활에 필요한 지식을 얻기 위해 고군분투할 일도 없습니다. 먹고 사는 일이 자동판매기에서 초콜릿바 하나 꺼내듯 쉬워졌습니다. 이것들을 움직일 돈'만' 있으면 됩니다.

그런데 직업적 지식은 날이 갈수록 절실해집니다. 우리는 이를 좋은 말로 '전문화'라고 이야기합니다. 아주 사소한 예들이지만 우리가 어떻게 전문적인 지식과 기능에 종속되는지 그 과정을 살펴봅시다. 전자레인지가 고장 나면 퇴근길에 사온 패스트푸드를 조리할 수 없습니다. 안내양 대신 카드기계를 부착한 버스는 기계가 고장 나는 순간 손님을 태울 수 없습니다. 회사 입장에서는 어떨까요? 어떤 회사든 한 곳에서 완제품을 생산하지 못합니다. 각각의 개별 부품은 다른 회사에 용역을 주지요. 만약 그중 한 회사가 문을 닫는다면요? 대안을 찾을 때까지 완제품 생산은 중단됩니다. 얼마 전 일본의 한국 수출금지 조치로 삼성반도체 부품

수급에 비상이 걸렸던 것도 마찬가지 맥락입니다. 이처럼 종속적 관계는 꼬리에 꼬리를 물게 되어 있습니다. 현대판 전문 지식의 결과란 바로 이런 것입니다.

우리의 지식은 날이 갈수록 파편화되고 있습니다. '전문직'이니 '전문지식'이라는 폼 나는 언어로 치장을 해서 그렇지 사실 그 지식들은 온전한 것들이 아닙니다. 그저 남보다 돈을 더 많이 벌려고 배운, 각각의 직업 혹은 직무에 필요한 공부일 뿐입니다. 학교 교육도 마찬가지죠. 그런데 아이러니한 현상이 있습니다. 12년간 학교에서 열심히 배운 것들이 실제 직업 현장에서는 쓸모없는 경우가 많다는 점입니다. 그래서 직장에 들어가면 다들 '신입생'이 됩니다. 결국 우리는 직업에 따라서 '전문분야'에 국한된 지식에 예속되거나 전문가의 전문가를 필요로 하는 다단계의 어느 한 구성품이 됩니다. 타자에 예속된 삶이 일상이 되는 것이지요.

# 관리의 목표는 구속이다

농부들은 법체계를 알 필요가 없었습니다. 전통 시대만 해도 농부의 삶은 곧 자연과 함께 돌아갔으니까요. 그런데 국가 시스템이 작동하면서 정부는 백성으로부터 세금을 걷게 되었고 부역(負役)을 시키려고 주민등록증을 만들었습니다. 조선시대에 호패제도가 생긴 이유입니다. 요즘 서류 중에 '가족관계증명서'라는 것이 있습니다. 이 역시 시대의 변화를 보여주는 하나의 예인데요. 일제강점기 이전에는 족보를 가문에서 만들었습니다. 국가가 만들지 않았어요. 개개인의 집안 구성원에 대한 기록을 왜 나라에서 하겠습니까?

국가가 개인의 삶을 효과적으로 규제하려고 만든 것이

바로 법규(法規)입니다. 법은 곧 대중을 예속하기 위한 수단이니까요. 대학에 진학한 학생들이 전공이나 부전공으로 가장 많이 선택하는 경영학은 관리자 입장에서 사람을 유용하게 지배하려는 학문입니다. 이처럼 법과 관리는 동전의 양면과 같습니다. 그리고 법과 관리는 점점 더 규모가 커지면서 세부 내용이 정교하게 바뀌게 됩니다. 일제강점기 이후 법학과 경영학과가 인기를 끌게 된 이유입니다.

요즘엔 모든 것에 '관리'라는 말을 붙입니다. 학습관리, 작물관리, 인사관리, 영양관리… 심지어 저는 '어장관리'라는 말까지 들어보았습니다. 그런데 관리는 사람의 입장이지 관리를 당하는 대상자의 입장은 결코 아닙니다. 관리인들이 효율적으로 자신의 목표를 관철시키려는 것이지요. 관리란 곧 일의 효율과 체계를 세우는 것이므로 처음에는 긍정적으로 받아들여지지만 규모가 커질수록 통제와 억압의 획일적 수단으로 변모할 가능성이 농후합니다. 관리의 부정적 결과는 속박된 삶입니다. 우리는 지금 어떤 그물망 안에 갇혀 있나요?

# 우물 안의 개구리도
# 세상을 본다

"세상은 넓고 할 일은 많다"라고 하면서 여기저기 나가 경험하고 온갖 정보를 얻는 게 삶의 필수 코스처럼 되어버렸지만, 우물 안에서도 세상을 바라볼 수 있습니다. 물질을 꿰뚫어 보는 통찰력이 있으면 가능합니다. 몸의 이치와 자연의 이치가 같고, 식물의 이치, 우주의 이치, 삶의 이치가 같기 때문입니다. 이치를 터득하면 우물 안의 개구리라 해도 세상을 돌며 헤엄치는 개구리보다 세상을 더 깊이, 더 많이, 그리고 더 잘 알 수 있습니다.

아리스토텔레스나 플라톤, 『황제내경』의 저자들은 전세계를 돌아다녔거나 지금처럼 수많은 지식과 정보를 접하지 않았을 겁니다. 이들은 수학자이자 철학자였으며, 문학가이며 정치가였습니다. 만물의 이치를 깨달은 것이겠지요.

농부인 저는 어떤 전문가와 대화를 나눠도 이해를 못해 괴롭거나 기가 죽을 일이 없습니다. 농사를 통해 본의 아니게 세상의 이치를 알고 통찰력을 얻었습니다.

도(道)는 어디에나 있지만 어디에도 없습니다. 어디서 많이 들어본 말이지요? 이 말 뜻을 이해하는 것이지요. 농부가 되고 난 뒤에야 노장사상을 제대로 이해하고, 성경과 불경을 이해하며, 수많은 선인들의 말을 이해하게 되었습니다. 해석하고 분석한 책을 읽고 이해한 것이 아니라 농부의 삶을 통해 몸으로 터득하게 된 것이죠.

제아무리 난다 긴다 하는 사람일지라도, 득도(得道)를 목표로 오랜 시간 세상을 헤맨 사람이라 할지라도 도(道)를 깨치는 게 어려운 것은 우리가 미세한 먼지 하나에 숨어 있는 이치를 알지 못하기 때문입니다. 보면서 보지 못하는 격이지요. 자신이 어디에 있든 땅을 딛고, 감각을 깨우고, 움직임을 통찰하면 사물의 이치를 알 수 있는 기회를 얻게 됩니다. "항상 깨어 있으라"는 가르침 역시 이런 뜻이 아닐까요?

# 못난 것에서도 배운다

배움은 경험을 포함합니다. 배우고 싶지 않은 것도 반복되는 과정에서 익히게 됩니다. '못된 시어머니 밑에서 못된 며느리가 나온다'는 말도 있잖아요? '반면교사(反面教師)'라는 말도 있습니다. 주로 '사람이나 사물 따위의 부정적인 면에서도 깨달음이나 가르침을 얻을 수 있다'는 뜻으로 사용됩니다.

배우고자 하는 이에겐 좋고 나쁨을 떠나 세상 자체가 선생님이 됩니다. 살아오는 과정에서 만난 모든 것이 선생이 되는 것이지요. 그러니 성찰할 수 있는 사람은 어디서든 배울 수 있습니다. 이런 사람들은 나만의 경험만이 아니라 다른 이의 경험도 소중하게 여깁니다. 배움을 교육제도나 바르고 훌륭한 이로부터 얻는 것이라 한정하면 그 범위와 내용, 그리고 배움의 질 모두가 너무 협소해집니다. 내 주변의 존재 모두가 나를 가르치는 선생입니다. 내가 키우는 짐승 하나, 내가 만나는 곤충 한 마리, 아침저녁으로 느끼는 바람 한 점… 이 모두가 나의 스승이 됩니다.

삶의 터전이 곧 배움터입니다. 이 터전을 잘 활용해서 가르침을 얻으려면 우선 관찰을 잘 하고 성찰을 잘 해야 합니다. 사람과의 관계에서도 상대방의 얘기를 잘 듣고 관찰하는 것이 필요합니다. 무조건 자신의 말과 행동을 앞세울 일이 아닙니다. 그래야만 우리는 저마다 '내가 아니라 상대방'을 더 잘 이해할 수 있습니다.

# 우리도 그랬다

습지는 다양한 식물을 받아들이기 힘듭니다. 조건이 매우 한정적이에요. 그래서 습지에서 자라는 식물들은 텃세가 심합니다. 그럴 수밖에 없습니다. 밀도 높은 습지를 뚫고 들어가는 데 엄청난 에너지를 소모하고 살아남았으니 텃세가 심한 게 당연합니다.

1960~1970년대, 한국인들은 외국에 나가 고생하면서 돈을 벌었습니다. 독일로 갔던 간호사와 광부들, 중동으로 파견 나간 건설 노동자들을 우리는 뭐라고 불렀지요? '달러를 벌어들이는 애국자'라고 칭송했습니다. 지금은 어떤가요? 베트남에서 동남아 여러 곳에서 사람들이 몰려옵니다.

한국 남자에게 시집오는 사람도 있습니다. 모두 '돈' 때문입니다. 가난했던 그 시절 우리의 모습입니다.

난민들이 일자리를 빼앗는다며 아우성을 치지만, 병원에서 간병하거나 식당에서 그릇을 나르고 설거지를 하거나 열악한 환경의 작은 공장에서 밤낮없이 일하는 사람은 누구인가요? 이제 어떤 직종은 외국인 노동자가 없으면 아예 인력 수급이 불가능하다고 합니다. 요즘 젊은이들은 부모의 덕으로 편하게 살아왔기에 이 같은 열악한 업종의 일은 맡지 않으려고 합니다. 한편으로 업주들은 저임금 채용이 용이하다는 이유로 외국인 노동자를 선호합니다.

반면 대형 마트나 편의점, 카페 등의 아르바이트 자리는 대부분 한국의 젊은이들이 차지하고 있습니다. 젊은이들은 몸과 정신이 에너지로 충만해서 활동적이고 복잡한 일을 잘 할 수 있는데도 오히려 단순한 일을 고릅니다. 고령자들이 하면 딱 좋을 일을 그들이 맡고, 도리어 고령자들이 미화원이라든지 공사장 일 같은 고된 일을 하지요.

젊었을 때 고생은 사서도 한다는 말처럼 몸이 튼튼할 때 몸으로 부딪히며 터득하고, 늙어서는 몸을 덜 쓰고 덜 고생스러워야 순리에 맞지 않을까요? 마음자리 하나 내줄 수 있는 사람은 젊은 시절에 고생해본 사람이지 늙어서 고생하는 사람은 인생이 비참하고 각박하지 않을까요?

# 우월감은
# 상대방을 열등하다고 여기는 것

해방 후, 일제강점기의 식민 의식으로부터 벗어나기도 전에 우리는 생활과 의식을 미국 보수주의 사상에 점령당했습니다. 지금 우리가 보여주는 인종과 민족에 대한 편견은 다른 어느 나라보다 심각합니다. 영어도 '백인'의 언어로만 인지하는 경우가 많습니다. 십 수 년 전에 열 살 조카를 데리고 아프리카 여행을 다녀온 적이 있는데 처음에는 흑인에 대한 경계심이 무척이나 강했습니다. 인종 편견이 강한 미국 보수문화가 그대로 이식되었기 때문입니다. 이런 현상은 이슬람 국가와 종교를 적대시하는 문화에서도 볼 수 있습니다.

지구는 다양한 종으로 이루어진 자연입니다. 그 안에서 살아가는 인간은 환경과 기후에 적응하면서 다양한 인종과 문화를 이루었지요. 하나가 아니라 여럿이니, 다양한 게 맞습니다. 다른 것은 틀린 것이 아니고요. 다른 것을 틀리다고 생각하고 우월감을 느끼는 근저에는 상대방을 열등하게 여기는 심리가 깔려 있습니다. 우월주의에 빠지면 상대방 문화를 적대시하고 억압하게 됩니다.

유럽이나 미국인들이 한국인의 개고기 소비를 야만적이라 비난하는 것도 우리 문화의 역사를 인지하지 못한 결과입니다. 우리 민족은 개를 다양한 용도로 사육했습니다. 집개, 사냥개, 보신용으로 말이에요. 소도 마찬가지였습니다. 밭갈이를 시키며 함께 지냈던 소를 나중에는 먹기도 했어요. 그런데 우리 민족의 문화를 야만적이라 비난하는 서양인들이 왜 자기들의 살인적 사육 방식의 축산업은 비난하지 않는지 참 궁금합니다. 보편적인 동물 복지를 논하려면 우선 동물의 사육 방식과 도축 방식이 동물 당사자에게 고통스러운지 아닌지를 따져 묻는 데서 출발해야 합니다.

비슷한 경우로 이슬람 문화를 들어볼 수 있어요. 이슬

람에서는 돼지고기를 먹지 않습니다. 돼지는 물이 귀하고 사막이 흔한 이슬람 민족에게 물을 찾아주는 수단이었습니다. 또한 돼지의 사육은 물을 많이 필요로 하기 때문에 식육을 위한 돼지 사육을 금했을 거란 생각을 해봅니다. 그러니까 이슬람의 기후와 역사 문화를 거슬러 올라가 유추해본 것이죠. 이렇듯 이슬람권이 처한 환경이 돼지고기를 먹지 못하도록 종교화했던 것입니다.

인도네시아에서는 돼지를 개처럼 마당에서 사육하고 음식으로도 이용합니다. 문명의 발달이 뒤졌다고 해서 종종 무시당하는 그들이지만 남의 나라 음식문화를 매도하지 않습니다. 고유한 문화를 일방적으로 비난하는 것은 그저 천박한 우월주의의 소산일 뿐입니다.

'이천식천(以天食天)'이라는 말이 있습니다. '천도교에서 우주 전체를 한울로 보아 사람이 동식물을 음식물로 섭취하는 것'을 이르는 말인데요. 우리가 먹는 음식은 하늘이 주신 것이니 감사하는 마음으로 먹어야 한다는 뜻입니다. 하늘이 주셨기에 귀하게 다루고 귀하게 먹는 것, 당연한 일입니다.

# 가방끈과
# 기꺼이 받아들이는 차별

교육에 대한 열의가 높습니다. 이제 한국의 교육은 '더 좋은 직업'을 갖고 그걸 바탕으로 돈을 더 많이 벌기 위한 수단으로 전락했습니다. 대학원을 졸업한 이가 대졸자 대우를 받자 자존심이 상한다며 직장을 그만두는 일, 가방끈이 짧은 사람이 가방끈이 긴 사람보다 상대적으로 대우를 적게 받는 현상 등은 차별을 유도합니다.

공정한 사회라면 가방끈이 길든 짧든 일 처리 능력에 따라 차이를 두어야 합니다. 왜냐하면 요즘 한국 사회에서는 가방끈이 길어지고 짧아지는 데 경제적 요인이 심각하게 작용하는 탓입니다. 요즘 말로 '스펙'을 쌓으려면 더 많은 돈과 시간을 투자해야 하니까요. 혹자는 시간과 노동, 돈이 그만큼 더 들어갔으니 상응하는 대가를 받는 게 당연하다고 여깁니다. 하지만 이런 생각이 차별을 강요합니다. 공정한 사회는 공정한 기회를 통해 공정한 결과를 도출했을 때만 가능합니다.

그렇다면 어떻게 해야 차별 사회에서 현명하게 살아갈 수 있을까요? 간단합니다. 삶의 가치를 돈으로 환산되는 결과물보다 일의 즐거움과 삶의 목적 실현에 두면 됩니다. 그러면 점점 더 재미있는 일들을 많이 하게 됩니다.

우리의 궁극적 목적은 차별 사회에서 벗어나 모두가 인간답게 사는 세상을 맞이하는 것입니다. 그러려면 우선 '상품시장'에서 벗어나야 합니다. 작물과 잡초의 차이는 무엇인지 아시나요? 이 두 가지는 농부가 무엇을 목표로 하느냐에 따라 구별됩니다. 귀한 대접을 받거나 쓸모없는 것으로 간주되지요.

상품시장으로 자신을 내모는 것은 상품을 선택하는 사람에게 자신을 내맡기고 스스로 차별 대우를 기꺼이 받겠다는 의미입니다. 차별은 밭을 가는 주인의 몫이지 잡초와 작물의 몫이 아닙니다. 잡초든 작물이든 본디 태어날 때부터 땅에 뿌리를 내리려는 똑같은 생명일 뿐입니다.

# 정감 넘치는 사투리가
# 사라진 사연

전라도에서 살다 보니 전라도 사투리가 정겹고 좋아졌습니다. 몇 년을 살았더니 이제 어색하지 않게 사용하게 되었습니다. 전라도 사투리에는 사물의 어원에 가까운 것이 참 많습니다.

남도에서 "물감저 있어요?" 하고 묻기에 저는 정말 '물감자'를 말하는 줄 알았습니다. 알고 보니 물고구마를 가리키는 말이더군요. 고구마가 '달다'고 해서 감저(甘藷)라 했던 겁니다. 감자는 감저에서 유래된 말입니다.

남도에는 아직 옛말이 살아 있습니다. '남새'도 그렇습니다. 씨앗이 지역성을 가질 수밖에 없듯이 언어도 지역성을 가집니다. 지역문화의 정수지요.

그런데 서울말을 표준어로 삼으면서 지역 정서가 살아 있는 옛말들이 사라졌습니다. 토종씨앗이 사라지듯 사투리도 점점 사라집니다. 사투리가 심한 전남 할머니들의 말을 잘 알아듣지 못하는 세대입니다. 너무나 안타까운 일입니다. 사투리는 구수하고 재미있고 독특합니다. 지역의 문화를 그대로 보여줍니다.

식민 정책은 언어를 통제합니다. 언어는 곧 문화와 사유의 방식이니까요. 성경에 나오는 바벨탑 사건은 기독교의 유일신주의를 내세우며 다양한 지역의 언어와 사투리를 통제한 상징입니다. 현대로 넘어오면 영어를 국제 언어로 규정한 것이나 서울말 표준어 선정 등이 같은 예가 되겠지요. 명분은 '소통을 위한 표준어'지만 실은 물건이나 제품의 '표준 규격화'처럼 통제와 관리를 용이하게 하려는 의도입니다.

소통을 정말로 잘 하려면 상대방의 언어를 배우면 됩니다. 교과서에 사투리를 실어서 전라도 사람들은 전라도 사투리를 배우고, 부산 사람들은 부산 사투리를 배우면 어떨까요? 아주 자연스럽게 말이에요. 지역성은 늘 전체성을 내세우는 지배층에 의해 억압당했습니다. 국정 교과서를 배우면서 우리는 너무 많은 것을 잃었습니다. 강제된 교육 아래 맛깔나는 사투리도 지역의 역사와 문화도 점차 사라지고 있습니다.

# 휴식 없는 식물과
# 사람의 생애는 짧다

수면에는 일정한 양이 필요합니다. 며칠 수면이 부족한 사람은 부족한 수면을 보충하도록 몸이 반응합니다. 저는 수면의 양을 일주일 단위로 조절합니다. 수면 시간이 규칙적인 사람은 균형을 잘 이루는 사람이에요. 균형이 깨지면 우리 몸은 균형을 맞추려고 반응합니다.

　일생에 걸친 수면 양은 어떨까요? 늙으면 수면 시간이 짧아집니다. 몸의 움직임이 덜하니 수면 양이 짧아집니다. 젊은이는 수면 양이 많습니다. 방출하는 에너지의 양이 많으니 수면도 충분히 취해야 합니다. 한국의 학생들은 과도한 학습으로 수면의 양이 절대적으로 부족합니다. 현대 젊은이들은 옛날 세대보다 허약한 몸을 지니도록 사회가 강요하고 있습니다.

수면의 총량이 부족해지면 건강이 상합니다. 식물도 마찬가지입니다. 식물은 밤에는 광합성을 쉽니다. 하우스에서는 식물 성장을 촉진하려고 밤에도 불을 밝혀둡니다. 식물이 잠을 자지 않으면 성장이 촉진되어 빨리 열매를 맺게 되지요. 양계장에서도 달걀을 많이 생산하려고 밤새 불을 밝혀둡니다. 요즈음은 이처럼 식물도 동물도 노화가 빨리 진행돼 생애주기가 짧아집니다.

사람도 제때에 잠을 자지 않으면 똑같습니다. 과수는 해걸이를 하는데 개량된 과수는 해걸이가 없습니다. 결국 노화가 급속하게 진행돼 고사합니다. 휴식이 없는 식물과 사람은 생애주기가 짧아지고 질병과 노화가 촉진됩니다. 생애주기가 짧고 질병 확산이 용이할수록 이득을 취하는 곳은 어디일까요?

# 에너지의 총량과 수면 시간

수면 시간이 짧고 활동량이 많은 사람은 생체 에너지를 많이 사용하므로 죽음이 앞당겨질 수 있습니다. 한 물질이 가진 에너지는 총량이 있는데요, 외부에서 에너지를 끌어들일 수 있는 힘 역시 물질에서 나옵니다.

배출이 잘 될수록 외부에서 더 많은 에너지를 끌어들일 수 있어요. 배출이 안 되면 몸에 노폐물이 쌓여 외부의 에너지를 끌어들이지 못합니다. 비우기를 잘 못하는 사람, 배출이 잘 안 되는 사람은 자신이 가진 총량만으로 제대로 살아갈 수 없습니다.

열정으로 뜨겁게 사는데 배출의 시간을 갖지 못하면

몸에 탈이 납니다. 배출의 시간, 즉 비우는 시간은 휴식의 시간이자 새로운 에너지를 충전하는 시간입니다. 휴식 시간이 없이 계속 일만 하면 수명은 짧아지겠지요. 자신에게 부족한 총량을 외부로부터 얻으려면 외부의 에너지가 들어올 공간을 확보해야 합니다. 수면이 짧은 사람은 외부 에너지가 쉽게 들어오도록 낮에도 쉬는 시간을 가져야 합니다.

사람마다 타고난 생체적 에너지 총량은 다릅니다. 총량이 적은 사람은 생체 에너지의 활동량을 줄여 길게 씁니다. 말할 때, 행동할 때 느린 사람이 대체로 생체 에너지를 아껴 쓰는 사람으로 수명이 긴 편입니다. 활동량이 커서 생체 에너지를 짧게 쓰는 사람은 말이 빠르고 재빠르게 움직입니다. 이들은 수명이 짧을 수 있습니다.

수면 시간을 짧게 하되 함축해서 쓰는 사람이 있고, 길어도 숙면하지 못하는 사람이 있습니다. 짧게 함축해서 사용하면 적당한 수명을 씁니다. 생체 에너지가 태생부터 부족한 사람은 전 생애에 걸쳐 조금씩 나눠 쓰므로 느리게 움직이며 잠을 많이 잡니다. 아프면 잠을 많이 자고 사고와 행동이 느려지는 경우와 비슷합니다.

타고난 자신의 생체 에너지를 알려면 자신의 말 속도, 움직임, 수면의 양, 기질을 파악하면 됩니다. 식물도 제각각 타고난 생체적 에너지 총량이 다릅니다.

# 나이가 들수록
# 배출을 원활하게

노인들은 배변 활동을 원활하게 해야 합니다. 배변 활동이 원활하지 못하면 몸이 붓는 부종(浮腫)이 생깁니다. 나이가 들수록 부종이 생기는 것은 신체 기혈 순환이 원활하지 못한 탓인데, 이 역시 질병의 신호입니다. 특히 부종은 아래쪽 배출기관이 위쪽 흡입기관보다 약하기 때문에 나타납니다.

인체는 늙을수록 하체의 힘이 약해집니다. 하체의 힘이 약해지니 하체의 힘을 기르거나 상체를 가볍게 해야죠. 일단 먹는 데 욕심을 내지 말아야 합니다. 취하려는 욕심을 버려야 합니다. 지혜도 나누어주고, 권력도 내려놓고, 곳간 열쇠도 주어야 합니다. 일희일비(一喜一悲)하지 말아야 합니다. 화기가 많은 노인이 급사나 풍을 맞는 것은 열기가 순식간에 치올랐기 때문입니다. 화기가 생기면 아래로 끌어내려 배출해야 합니다.

잘 늙어가는 것은 바깥으로 버리는 힘을 기르고 채우는 것을 덜 하는 것입니다. 노인의 사명은 '공수레 공수거' '만물을 하늘님'으로 모시는 노자(老子)가 되는 것입니다.

# 길흉화복은
# 서로를 필요로 한다

시험을 치르는 요령 중 하나가 '쉬운 것부터 풀기'입니다. 큰 오해도 사소한 것에서 쌓여 일어납니다. 높은 빌딩도 한 줌 흙에서부터 쌓아올리고 천 리 길도 한 걸음부터 시작합니다. 노래 소리도 높고 낮음이 조화를 이루고, 어려움도 쉬움도 서로를 존재하게 해줍니다. 착한 것은 착하지 않은 것이 있어야 비로소 '착함'을 드러냅니다. 그러니 착하지 않다고 밉게 여길 일은 아닙니다. 아름다움도 추함이 있어 가능합니다.

그러나 이 모든 것은 나의 판단일 뿐입니다. 물질 존재에는 어떤 규정도 없습니다. 세상의 이치란 있으려면 없어져야 하고, 없어지려면 있어야 합니다. 앞과 뒤가 서로 따르니 어느 것이 앞인지 뒤인지 알 수 없습니다. 서로 대립되는 존재는 서로 작용하는 힘입니다. 흉함이 있어야 길함이 생기고, 화가 있어야 복이 생깁니다. 길흉화복(吉凶禍福)이 서로를 필요로 하니 어느 것이 더 중하다고 할 수 없지요.

# 행복은
# 개인에 따라 다르다

누구에게는 산속 생활이 지리멸렬하고 무미건조하나 누구에게는 흥미롭고 재미있습니다. 행복의 기준은 사회와 개인적 가치에 따라 다릅니다. 한국 사회에서는 행복의 보편적 기준이 '물질적 풍요'인 듯합니다. 하지만 개인의 가치에 따라 이 기준은 얼마든지 달라질 수 있습니다.

부탄과 티베트 국민 대다수는 행복의 기준을 '정신적 풍요'에 둡니다. 우리와 가치 기준이 다르지요. 서양 자본주의 국가의 기준에서 볼 때 부탄과 티베트는 가난한 후진국이지만, 이들은 행복감을 가장 높게 느끼는 국가입니다.

# 행복과 불행은 누구에게나
# 총량으로 균등하다

불행했던 경험들이 많을수록 행복감은 커집니다. 불행한 경험이 현재의 행복감을 높이지요. 청소년기에 불행했다면 노년기에 행복할 확률이 큽니다. 청년기를 행복하게 보냈다면 노년기에 불행할 확률이 큽니다. 쓴맛 뒤에 맛보는 단맛이 더욱 강렬하듯 불행 뒤에 오는 행복은 더 달콤합니다. 반대로 행복 뒤에 오는 불행은 생소하기에 더 크게 느껴집니다.

몸이 쇠약해져 닥친 불행은 심신이 수렴할 겨를이 없습니다. '젊어서 고생은 사서 한다'는 말처럼 노년기에 행복하려면 젊어서 다양한 경험으로 단련시켜야 합니다. 편하게만 살면 노년기에 닥치는 불행을 감당하지 못합니다. 물론 순리대로 살며 순응하면 행불행이 따로 없겠지요.

# 극단으로 가면
# 만날 수 없다

극단(極端)으로 가면 끝이 시작에 물릴 수 없습니다. 한 방향으로만 치달으면 서로 만날 수 없습니다. 전쟁도 같습니다. 전쟁은 남을 죽여야만 자기가 사는 극단적인 현상입니다.

에너지란 실할 때도 있고 허할 수도 있습니다. 실하면 빼주고 허하면 채우면 됩니다. 둘 다 실하기를 추구하면 터집니다. 앞서기도 하지만 물러서기도 해야 합니다. 새의 날개는 균형을 맞춰 허실(虛失)과 실허(失虛)를 반복해야 날 수 있습니다. 인간의 몸도, 인간관계도 그러합니다. 사회도 역사도 그렇습니다.

# 정규직은 '안정된' 노예,
# 차라리 비정규직이 낫다

정규직을 안정된 직업이라고 여기지만 엄밀하게 따지면 안정된 '구속'입니다. 쉬고 싶을 때 마음대로 휴식할 수 없습니다. 매월 꼬박 나오는 급여로 생계를 안정적으로 유지하지만 자신의 몸과 마음에 쇠사슬을 채운 것입니다. 정규직에 대한 환상은 안정된 노예 생활을 원하는 것에 지나지 않습니다.

농부는 스스로 고용하는 즐겁고 창의적인 일꾼입니다. 일하고 싶지 않으면 안 해도 그만입니다.

"오늘 못 하면 내일 하지."

"일을 하자면 한없이 많은 것이 농사고, 게으르기로 마음먹으면 한없이 게으를 수 있는 것이 농사다."

농사란 자유의지에 맡겨진 천직입니다. 회사에 취직하는 것은 노예 문서를 쓰는 것입니다. 결근이나 기업주가 원하는 능력을 발휘하지 않으면 해고와 승진에서 누락 사유가 됩니다. 소유자가 지상 최대 권력입니다.

차라리 비정규직이 낫습니다. 사람들은 대개 비정규직이나 아르바이트 인생이 불안하다고 여깁니다. 도시 삶은 생명 유지가 돈으로 연결되니 어쩔 수 없습니다. 하지만 비정규직이나 아르바이트 인생을 꼭 그렇게 볼 것은 아닙니다.

필요한 만큼 돈을 벌고, 필요할 때 일을 구합니다. 고용주 입장에서는 피고용인이 자주 바뀌면 일을 가르쳐야 하므로 일정한 계약직을 원합니다. 계약 기간은 서로 약속이므로 계약직 일자리를 얻는 것도 괜찮습니다.

계약직이라고 해서 받아야 하는 '부당함' 곧 차별 대우는 사회구조적으로 해결할 문제입니다. 똑같은 노동인데도

'현격한' 임금 격차라든지, 안전망이 없는 부당한 근무 조건이 있다면 근무 조건을 개선하면 됩니다. 계약기간 파기의 조건을 비정규직 입장에서 제시하면 됩니다. 물론 고용주 측은 그럴 의사가 전혀 없겠지만요.

자신을 상품화하는 한, 안정된 일자리는 없습니다.

# 일자리 창출은
# 자동화 시스템에서 벗어나는 것

버스를 타면 카드 결제기로 버스 요금을 지불합니다. 1980년대에는 버스 안내양이 있었습니다. 자동화 시스템은 먼저 안내양의 일자리를 없앴습니다. 요금 수납 기계를 만드는 기업이 돈을 법니다.

자동화 시스템은 기업을 살찌웁니다. 기계를 만드는 노동자와 안내양의 숫자를 비교하면 노동자가 상대적으로 적습니다. 자동화 시스템의 확대와 일자리는 반비례합니다. 자동화 시스템이 승객의 안전을 보장한다는 확신은 없습니다. 안전은 기계가 보장하는 것이 아니라 사람이 보장합니다. 지하철이나 철도 사고가 많은 이유도 안전을 보장하는 사람이 부족하기 때문입니다. 운전자가 사방을 살펴보지만 시야에 들어오지 않는 사각지대가 있습니다.

자동화 시스템은 기업의 이윤을 극대화하여 기업 중심 사회를 만듭니다. 자동화가 수동화보다 우월한 점은 인간의 노동력을 감소시켜 실업자를 양산하는 것뿐입니다. 일자리 창출은 자동화 시스템을 줄일 때 가능해집니다. 수동화 사회에서는 일자리가 많아지는 대신 기업의 이윤은 줄어듭니다.

# 자급 기술이
# 건강한 풍요를 만든다

인공지능 시대가 도래한다고 합니다. 농업의 역사가 첨단 문명을 만들었지만 농업은 수혜보다 착취 대상으로 전락했습니다. 과학 문명이 생활을 편리하게 만들었지만 편리함은 인간의 지혜를 없앴고, 삶을 척박하게 만들었습니다.

인공지능 시대에는 스마트한 기계에 인간의 생명이 위협받을 수 있습니다. 〈은하철도 999〉처럼 '기계에 지배되는 인간 사회'가 이제 현실로 다가왔습니다. 기계는 영리해지고 영리한 기계를 다루는 사람은 소수 엘리트입니다. 소수 엘리트만이 일자리를 갖습니다. 고도로 기계화된 사회는 소수의 행복과 다수의 불행을 조장합니다.

과학 문명은 사람을 노예로 만듭니다. 문명은 스스로를 파괴하지 않으면 안 되는 상황으로 가는 게 아닐까요? 옛것을 버리고 새것만을 취해왔던 인공지능 시대에 생활의 자급기술을 익혀 돈도 들지 않고 상상력과 보람은 수십 배로 증가하는 일자리를 우리 스스로 만들어야 합니다.

# 현대 문명은
# 일의 집착이라는 늪으로 빠지게 한다

생명체는 살기 위해 '일'을 합니다. 얕은 숨이라도 쉬려면 몸의 미세한 부분들이 연결돼 움직이듯이, 살아 있다는 것은 '일'의 시작이자 결과입니다. 일을 하지 않으면 살 수 없습니다. 현대인은 '일' 못 하고 죽은 귀신이 붙었는지 너무 많이 일을 합니다.

일에 대한 집착은 속전속결을 추구하면서 모든 생명체의 생애주기를 짧게 바꿔버립니다. 가축은 빠른 성장과 빠른 도축으로, 식물도 빠른 성장 빠른 수확으로 끌어냅니다. 현대 과학은 노동력을 줄였다고 하지만 더 많은 일로 추동합니다. 전기밥솥 스위치를 누르고. 세탁기에 빨래를 돌려

놓고, 전자레인지에 데우는 것을 동시에 하게 만들잖아요? 컴퓨터가 장착된 스마트폰 때문에 24시간 일을 강요당합니다. 편리한 문명은 인간을 '일'의 늪으로 인도했습니다.

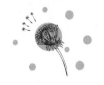

# 소비 욕구가
# 일의 집착을 부른다

현대 문명은 소비의 무한구조를 만듭니다. 소비는 돈을 바탕으로 이루어집니다. 노동시간을 줄이면 소비가 확장됩니다. 여가시간이 소비적 문화와 맞닿아 돈을 쓰게 만들어주니까요. 일에 대한 집착은 곧 무한한 소비를 뜻하는 다른 표현입니다. 우리는 어릴 때 "욕망이 없으면 삶이 아니다"라고 배웠습니다. "넌 욕망도 없냐?" "꿈도 없냐?" "의사, 변호사, 교수… 너는 왜 이런 꿈도 못 꾸냐?"는 말을 들으며 자랐습니다. 하지만 모두 부모가 바라는 꿈이었습니다.

우리 시대의 어른들은 권력과 명예가 함께 가능한 '직업'을 욕망이라는 이름으로 불렀습니다. 한국 사회에서는 일이 곧 '직업'을 의미했고, 이는 '직업의 귀천'으로 분별되었지요. 일의 가치는 '돈을 얼마나 버느냐'에 따라 가늠되었고, 돈은 소비를 무한대로 확장하게 해주는 기본 수단이 되어버렸습니다. 한국 사회의 욕망과 소비는 정비례하기 때문입니다.

# 더하려 하지 말고
# 빼려고 해야

자립 인간을 반대할 사람은 없습니다. 자급농사나 생태적
삶 이야기를 꺼내면 모두 수긍합니다. 하지만 반드시 뒤따
르는 질문이 있습니다. "그럼 아이들 교육은 어떻게 해요?
소득이 줄어들 텐데 어떡하죠? 의료는 어떻게요?" 하는 것
들입니다. 자립 인간은 이상이고 질문은 현실입니다. 모두
가 이구동성으로 "이상과 현실은 다르다"고 말합니다. 그러
면서 소비를 줄일 생각은 하지 않고 무한한 욕구만 이야기
합니다. 이런 상황에서 만족할 만한 소득은 대체 얼마큼일
까요? 얼마나 벌어야 만족할 수 있을까요?

무한소득의 갈망은 한국경제를 이끌어온 동력입니다.

요즘은 정부가 어려운 경제에 오히려 돈을 쓰게 하는 '이상한 경제부흥'을 부추깁니다. 연휴를 하루 더 만들어 소비경제를 진작시키겠다는 국가정책에 대해 상식적인 언론에서도 정치인 집단에서도 반대 의견을 내놓지 않습니다.

돈이 없는 곤궁한 시기엔 동선을 짧게 해야 합니다. 정부는 돈이 없는 이유를 소비하지 않기 때문이라고 합니다. 이는 전형적인 기업의 관점입니다. 기업은 소비를 부추겨 이윤의 극대화를 꾀하니까요. 기업이 부흥해야 일자리가 늘어난다고 하지만 어차피 쳇바퀴 논리입니다. 기업 중심의 자본주의 시장은 쇠퇴하고 있습니다. 자본주의 시장경제를 억지로 되돌리려는 국가의 작태는 국가가 누구의 편인가를 보여주는 단적인 사례이기도 합니다.

농사를 지을 때, 벌레들로 인해 농사가 제대로 되지 않을 때 무엇을 더 하려고 하지 말고, 무엇을 하지 말아야 하는지를 생각해야 합니다. 자연 재해가 있을 때, 우리가 무엇을 했기에 그러한지 생각해보고 하지 말아야 할 것을 생각해야 합니다. 돈이 부족할 때, 돈을 더 벌려고 하는 것이 아니라 무엇을 아껴야 하는지 생각해야 합니다. 질병이 닥쳤을 때, 어떤 약을 먹어야 하는지 생각하지 말고, 무엇을 먹지 말고 무엇을 하지 말아야 하는지를 생각해야 합니다. 무엇을 더 하려고 하는 것보다 빼려고 하는 것이 더 쉽게 해결할 수 있습니다. 왜냐하면 생명의 역사는 인간의 욕심으로 여기까지 왔기 때문입니다. 무엇을 얻으려면 먼저 버리라고 했습니다.

# 돈을 좇으면 돈이 도망간다

예로부터 "돈을 좇으면 돈이 도망간다"는 속설이 있습니다. 사람관계도 그렇습니다. 좋아하는 사람을 졸졸 따라다니면 상대방은 도망갑니다. 집착은 상대방의 숨을 막히게 합니다.

쫓고 쫓기는 형국에서는 균형을 이룰 수 없습니다. 순한 동물도 쫓기만 하면 막다른 골목에 닿아 되돌아서 주인을 물 수 있습니다. 잡초도 그래요. 죽어라 뽑으면 잡초가 다 사라질 것 같지만 웬걸요. 잡초는 생명의 위험을 느껴 더 많은 씨앗을 맺고 번식시킵니다.

무엇인가 쫓고 쫓기는 관계는 역작용을 불러일으킬 수

있습니다. 돈이든 동물이든 사람이든 적당한 간극 아래 무관심하듯 살아가면 저절로 자리매김을 합니다. 잡초를 적대하지 말고 잡초를 이용하는 쪽으로 전환해보세요. 잡초는 이로운 풀이 됩니다. 돈이 필요하지 않는 생활을 꾸리면 돈은 필요한 만큼 저절로 들어옵니다. 돈을 좇지 않는 자립생활로 추동하면 오히려 살 만큼 돈이 들어옵니다.

하늘은 저절로 필요한 만큼 줍니다. 그래서 내가 변해야 하늘이 변합니다. 내가 변해야 세상이 변합니다. 내가 변해야 자연도 변합니다. 내가 변하면 상대방이 새롭게 보이고 새롭게 느껴집니다.

최소한의 생활, 내핍한 생활을 하면 다가온 모든 것들이 소중하고 고맙고 풍요롭게 느껴집니다. 살아가는 데 해결해야 할 문제의 답은 내가 쥐고 있습니다.

# 나이답게 먹어야 한다

나이에 따라 걸맞게 먹어야 합니다. 늙을수록 적게 먹는 것이 몸에 이롭습니다. 젊은이들은 지식도 경험도 활동도 왕성하니 많이 먹습니다. 노인이 너무 많이 먹거나 젊은이가 너무 적게 먹으면 병약해집니다.

늙는다는 것은 신체의 오장육부 기능도 늙는다는 뜻입니다. 배추가 성장을 멈추고 잎이 오므라질 때 비료를 많이 주면 배추는 금방 시들고 노랗게 됩니다. 고추는 순차적으로 고추가 달리니 고추는 빨간 열매가 맺을 때 영양분을 한번 더 주고 한 물 딴 뒤에는 영양분을 주지 않습니다. 내부의 영양분을 사용하는 것으로 족합니다.

식물은 내부의 힘으로 나머지 생애를 살아갑니다. 사람은 장년이 되면 기운이 떨어져 보약을 먹지만, 사실 제대로 된 밥상이면 보약을 먹을 필요가 없습니다. 밥이 보약이라는 말처럼 끼니 외에 다른 것을 먹지 않는 것이 좋습니다. 젊을 때는 끼니 외에 간식을 먹습니다. 성장 에너지와 활동량이 많아 아무리 먹어도 배가 고프니까요. 그러나 노인은 에너지를 덜 사용하고 활동량도 적으므로 끼니만으로 충분합니다.

나이답게 먹어야 합니다. 습관과 탐욕에 물들어 나이다운 것이 무엇인지 이해하고 따르기가 매우 어렵겠지만 말입니다.

# 말 많은 사람은
# 말을 적게 하고 많이 걸어야

저에게 하는 말이기도 합니다. 학창시절에 이런 말을 종종
하곤 했습니다. 말을 잘 하는 사람이나 말을 많이 하는 사
람을 두고 "너는 한강에 입만 동동 뜰 거야"라고.

　말을 많이 하는 직업을 가진 사람은 에너지를 위로 끌
어올려 입으로 뱉기 때문에 열이 위에 머무는 양과 시간이
많습니다. 온종일 떠들고 나면 몸의 기력이 빠집니다. 입으
로 나가는 에너지는 사지를 움직이는 운동 에너지와 다릅
니다. 말을 많이 하는 직업일수록 심혈관 질환이 많을 수
있습니다. 혀는 심장과 연결된 것이며 목구멍은 통로이니까
요. 열을 끌어내리려면 하체의 힘을 길러야 합니다. 열은 아

래로 끌어내려야 하므로 아래에 에너지를 모아야 합니다.

대체로 하루 종일 사람과 말을 하면서 관계를 하고 돌아온 직장인들이 집에 돌아와서 가족들과 대화를 하지 않고 입을 꾹 다물고 텔레비전만 보는 이유입니다.

가능한 한 말을 적게 낮게 하는 것. 그리고 많이 걷는 것이 좋겠습니다.

# 전기로부터 멀어져야
# 생각이 멈춘다

생각이 많은 사람은 위의 기능이 약합니다. 생각이 많으면 움직임이 적으며, 움직임이 적으면 에너지가 위로 몰립니다. 본디 생명 활동은 생각 없이 움직입니다. 뜨거우면 즉각 반응합니다. 생각한 뒤 반응하지 않습니다. 생각 이전에 움직임이 있거든요.

생각은 움츠림이므로 하체를 펼쳐야 합니다. 멍 때리는 시간을 가져야 합니다. 멍 때리는 시간이 많을수록 건강하게 오래 살 수 있습니다. 열심히 산을 오르거나 걷고 운동하면 일정한 시간이 지나면 생각도 멈춥니다. 인간의 특징인 생각을 줄이고 동물 본능으로 사는 날이 많을수록 건강해집니다.

'나는 생각한다. 고로 존재한다'는 데카르트의 명제는 인간의 특성 중 '성찰의 동물'을 강조한 것이지 생각 일반을 강조한 것은 아닙니다.

농경 사회나 유목 사회에서는 '생각'이 많지 않았습니다. 해가 뜨면 밭에 나가 일하고 해가 지면 집에 돌아와 밥을 먹고 자는 것이 전부였으니까요. 전기가 발명되고 도시가 발달하면서 햇볕과 상관없이 일을 하게 되었습니다. 햇볕과 상관없이 정적으로 일하는 직업이 많아지면서 우리의 생각도 많아졌습니다. 자연과 멀어지고 현대 과학에 의존하는 직업과 생활일수록 '생각'도 많아지고 '긴장'도 커졌습니다. 외부와 접하는 오감각이 쉬는 시간이 나날이 줄어들면서 우리의 머리는 나날이 커져가고 다리는 나날이 약해졌습니다.

신체의 건강은 정신 건강을 동반합니다. 머리를 작게, 다리를 튼튼하고 굵게 하는 것이 건강의 최적 조건입니다. '전기'로부터 시작된 현대 문명, 생각을 덜하고 '쉼'을 하려면 우리는 무엇을 하지 말아야 할까요?

# 머리 뒤쪽에 눈이 있는 이유

누군가 뒤에서 내 뒤통수를 노려봅니다. 뒤통수에 눈이 없는데 '쌔' 하는 느낌을 받습니다. 상대방이 보내는 에너지를 뒤통수에서 반응합니다. 눈, 입, 코, 귀로 들리는 것만이 전부가 아닙니다. 물질은 고유한 자기 에너지를 통해 존재합니다. 물질은 입자로 존재할 뿐 아니라 에너지로서도 존재합니다. 물질의 에너지는 다른 물질에 간섭하고 교류합니다. 뱀이 상추밭에 얼씬 하지 않는 이유는 상추에 물려 뱀이 중독돼 죽을 수 있기 때문입니다. 상추의 독은 파동 에너지로 전달돼 뱀을 쫓습니다.

몸이 예민할수록 교감이 잘 일어납니다. 과학 문명은

보이지 않는 교감을 인정하지 않습니다. '영적 교감'을 비과학적이라고 무시하지만 우리는 농사를 통해 자연과 '감(感)'으로 소통합니다. 동물과의 교감을 넘어 식물과도 교감합니다. 무생물과의 교감은 오래전 풍수사상과 토테미즘을 낳았습니다. 반문명 생활을 하는 사람들이 자연을 숭배하는 것은 자연과 교감하기 때문입니다. 인간에게는 여리한 상추지만 뱀에게는 사자보다 무섭습니다.

# 아홉수가 두려운 이유

이진법과 구진법이 있습니다. 이진법은 0과 1만을 사용하는데요, 구진법도 이진법과 통합니다. 수의 변곡점은 9입니다. 아홉이 지나면 완전수 0입니다. 0은 완전수이자 균형수입니다. 차면 비워지는 이치입니다. 9살, 19살, 29살…99살. 모두 아홉수를 거칩니다. 완전수 0으로 시작해서 9, 극점에 이르면 다시 시작하는 0, 아홉수를 '꺾인 수'라 하여 9에 이르면 매사에 조심하라는 옛말은 틀리지 않습니다.

　나이로 말하는 아홉수는 공자가 "삼십은 입지(立志), 사십은 불혹(不惑), 오십은 지천명(知天命), 육십은 이순(耳順), 칠십은 고희(古稀)"라고 명한 것처럼, 나이가 차면 지혜도 생기는 것을 말합니다. 10년을 주기로 돌아가는 아홉수 인생의 전환점은 불안할 수밖에 없습니다.

# 뱀과 용은 같은 동물이다

뱀은 음습한 데 사는 냉혈동물입니다. 뱀이 음습한 곳에 있는 이유는 체내가 뜨겁기 때문입니다. 뱀을 보약으로 먹으면 기운이 세집니다. 기운이 세게 해주는 보약을 과하게 섭취하면 죽을 때 고통스러운 것은 이와 같은 이치 때문입니다.

무가 땅속에서 열을 식혀야 하듯 용이 수중궁궐에서 사는 것은 뱀처럼 체내에 열이 가득하기 때문입니다. 불을 뿜으며 하늘로 솟는 용의 형상은 뱀보다 열성이 더 큰 것을 뜻하지요. 십이간지(十二間支)에서 뱀과 용이 나란히 나오는 이유입니다.

힌두교에서는 지혜의 수호신으로 뱀을 숭상합니다. 국가와 종교가 결탁하면서 동양에서는 뱀을 용으로 변화시켰습니다. 땅으로 기어 다니는 뱀에게 날개와 다리를 달아준 것이지요. 하느님을 유일신으로 받드는 기독교에서는 땅의 상징인 뱀을 악으로 규정하고, 동양에서는 용을 수호신으로 승격시켰습니다. 뱀이 종교국가의 권력을 유지하려는 집단의 희생양이 된 셈입니다. 우리나라 민간신앙에서는 뱀을 수호신으로 여깁니다. 특히 집을 지켜주는 뱀인 구렁이는 함부로 죽이면 안 된다고 믿었어요.

뱀은 살아 있는 생태계의 표식이기도 합니다. 깊은 산으로 올라갈수록 뱀이 많은데요. 사람들이 산으로 올라가 살다 보니 터전을 잃은 뱀들이 강제 이주를 하기도 합니다. 가끔씩 도로 위에서 자동차에 깔린 뱀의 시체를 보게 되는 배경이지요.

# 젊어서는 바다, 나이 들면 산

젊은이들의 휴양지는 바닷가입니다. 20대에 즐겨 불렀던 '자, 떠나자, 고래 잡으러!'라는 노랫말처럼 젊은 사람들은 바다를 즐겨 찾았습니다. 왜 그러는 걸까요? 사십이 넘어선 중년들은 바다보다 산을 즐겨 찾습니다. 등산객들이 주로 중장년층인 것을 보면 이상하지 않나요?

저도 젊은 시절엔 바다가 좋았습니다. 사십이 넘어가며 산을 즐기기 시작했습니다. 이는 생리학적 이유입니다. 젊은이들은 양기가 넘쳐 몸과 마음이 뜨겁습니다. 뜨거운 것을 식히려고 차가운 물에 뛰어들죠. 바닷가 해변에 모래의 뜨거움과 바닷물의 차가움을 오가며 즐기는 것은 젊은이들의 뜨거움입니다. 반면에 사십이 넘어서면 음기가 점차로 많아져 양 에너지를 보충하려고 산으로 향합니다. 산은 양의 에너지며 등산은 양기를 북돋습니다. 젊은데 산을 찾고, 늙었는데 바다를 찾는다면 음기가 많은 젊은이라 그렇고, 양기가 많은 노인이라 바다를 찾는 것입니다.

저는 오십 대 초반에 연애를 하면서 남자 친구와 바다를 찾곤 했습니다. 연애는 심장의 열기로 인해 생긴 원인이거나 결과입니다. 바닷가에서 데이트를 즐기곤 했지만 연애가 끝나자 몸은 다시 산으로 향했습니다. 삼이나 무, 우엉, 생강 등은 따뜻한 기운의 음식이라 땅속 시원한 곳에서 자랍니다. 사람이든 식물이든 생명을 유지하려고 열은 차가움으로 보완하고 차가움은 열로 보완합니다.

# 미신은 없습니다

유일신 사상은 신을 향한 인간의 폭거입니다. 만물은 혼이 깃든 생명이거늘, 신을 생명체가 아닌 대상으로 박제하여 우상화했습니다. 미신 사상은 일제강점기에 주입되었습니다. 기독교가 처음 한국에 들어왔을 때, 기독교는 한국의 민간신앙을 존중했습니다. 배척한다면 선교를 할 수 없기 때문입니다. 우리의 민간신앙이 말살당한 것은 일제강점기입니다. 민간신앙이 한국의 전통문화와 결합된 탓이지요.

전통문화를 없애는 일은 일제가 한국의 영혼을 없애는 데 주목한 주요한 과제였습니다. 창씨개명은 가장 주요한 식민 정책이었죠. '씨는 못 속여'라는 말처럼 씨는 남겨둡니다. 불씨를 꺼트리지 않고 남겨두는 일. 간장 씨를 남겨두는 일. 자식을 낳아 씨를 지속시키는 일이 그렇습니다. 창씨개명은 씨앗을 없애는 일이었습니다.

기독교 역시 이후 제국주의적 속성을 수용합니다. 미군정은 하느님을 제외한 나머지 신앙을 미신으로 치부했습니다. 기독교 내부에서도 주류를 제외한 다른 계파는 '이단(異端)'으로 치부합니다. 우리는 흔히 '미신이야'라고 아무렇지 않은 듯 말하지만, 미신은 없습니다. 모든 만물은 신이며 씨앗입니다. 사도 요한이 쓴 복음서에도 "말씀이 씨앗이 되어 우리 가운데 사셨다"는 대목이 있지요. '말이 씨앗 되어' 만물로 형상화되고, 신은 만물로 존재하며, 만물은 씨앗을 통해 만물을 더욱 풍성토록 하여 생명을 지속시켜나가는 것이겠지요. 말씀은 만물이며 씨앗이며 신이며 생명이니 미신은 없다고 할 수 있겠지요.

# 선진국 후진국은
# 누구의 기준일까?

OECD에 가입했다고 우리도 선진국이라고 합니다. 우리
는 교과서에서 자본주의 발달 과정으로 '후진국 ⇨ 개발도
상국 ⇨ 선진국'이라는 3단계론을 배웠습니다. 선진국이니
까 잘 살고 후진국이니 못사는 것은 서구 자본주의 국가의
기준입니다.

선진국은 대부분 제국주의 국가로 현대식 무기로 덜 문
명화된 국가와 민족의 자원을 약탈해서 자국의 부를 축적
하고 약소국에 대한 공개적 지배권을 형성합니다. 선진국이
라도 자국의 권력자들의 부를 축적하는 것이지 가난한 국
민이 사라지는 것은 아닙니다. 자본주의 아래서 선진국은

기업 공화국으로서 노동자와 농민은 여전히 고난을 당하는 계층입니다. 도시 빈민들 역시 사라지지 않았습니다. 부탄왕국(Kingdom of Bhutan)은 행복지수가 가장 높은 국가지만 서구 자본주의 국가가 내세운 기준에 따르면 엄연한 후진국입니다.

국민의 행복지수가 가장 높다는 것은 무슨 의미일까요? 다수가 행복한 나라를 만드는 것이 국가가 의무라면 우리의 모델은 미국이 아니라 부탄이 되어야 하지 않을까요?

# 군대와 학교가 다를까?

학교는 권력의 양산지입니다. 일제강점기부터 마을의 서당이나 선비들의 모임, 계파들의 서원 등 다양한 교육기관이 사라지고 소학교, 중학교가 등장했습니다. 8세가 되면 소학교에 입학하고 국정 교과서를 배웁니다. 또래집단이 있고 선생님의 강의를 듣고 받아쓰고 외우고 시험을 보는 주입식 교육을 받지요. 이런 식으로 아이들을 가르치는 학교는 군인 양성소와 다를 바 없습니다.

학교는 군대와 비슷합니다. 일제강점기에는 학교가 황국신민을 만드는 양성소였으니까요. 해방 이후에도 그 본질은 변하지 않았습니다. 좀 더 다양한 교육기관이 생겼어도 대부분의 제도교육은 대학입시를 위한 교육 위주입니다. 성적순으로 줄을 세우는 것도 여전합니다. 행복을 배우는 교육이 아니라 행복을 목표로 고통을 인내하는 교육만 횡행합니다.

그런데 대학입시가 끝나도 행복은 오지 않습니다. 그다음엔 또 직장 입시가 있으니까요. 직장을 잡아도 행복하지 않습니다. 직장에서 언제 해고될지 모르니까요. 제도권 학교는 행복을 볼모로 기성세대의 가치를 주입시키는 훈련소입니다.

# 때가 되어서야
# '배움의 기쁨'이 크다

'學而時習之不亦說乎(학이시습지불역열호)'를 모르는 사람은 없을 겁니다. 『논어』의 「학이」편에 나오는 구절로 중학교 때 한자 교과서에서 배웠던 기억이 납니다. 그런데 '배움은 때가 있어 익히는 것으로 기쁘지 아니한가'라는 이 문장의 내용이 학창시절에는 절절하게 다가오지 않았습니다.

한참 놀고 싶었던 시절, 우리의 '몸'은 운동장으로 뛰어나가 축구와 배구, 농구를 하고 싶어 했습니다. 여자아이들에겐 모여서 까르르 웃으며 수다를 떠는 게 더 즐거웠던 시절이지요.

종일 앉아서 낯선 책을 보고, 성적 경쟁에 종속된 상태에서는 공부하는 기쁨을 느낄 수 없습니다. 중간고사 기간 인데도 에세이 책을 놓지 않았던 때가 있었습니다. 하지만 시험 결과 때문에 독서를 포기하고 다시 교과서를 들여다 보아야 했지요.

세월이 흐르고 나이가 들면서 '내가 필요해서 하는 공부'를 시작하자 흥미가 끊이지 않습니다. 특히 농사를 짓기 시작하면서 접한 식물의 생리와 병리학은 생물 교과서에서 배웠을 때와 사뭇 다르게 와 닿았습니다. 농부이니 실천적 으로 다가온 것이지요. 그 뒤로 『본초도감』을 비롯한 한의학 서적이나 고농서 등 전문가들이 보는 책들이 어렵지 않게 다가왔습니다. 민중운동사로 배웠던 동학과 농부가 되어 읽은 동학서는 구구절절 몸속으로 깊이 들어왔습니다. 공부 영역은 점차 확대되었고, 분절적으로 배웠던 것들은 그물망처럼 서로 연결되고 뻗어나가면서 상상력도 증폭되었습니다. 하나를 통해 열을 알게 되었지요.

농부의 자립적 생활은 인문과 기술, 물리와 공학이 통합되어 일상생활에도 응용되니 이제야 겨우 똑똑해진 모양입니다. 농부가 되어서야 저는 비로소 '때때로 익히는 것이

기쁘게' 되었고, 농부가 '가장 똑똑한 부류'임을 알게 되었습니다. '배움의 때'란 각자 다릅니다. 다만 '스스로' 찾을 때 즐겁지요.

# 전통적 '학'의 의미는 무엇일까?

조선 말기 천주교가 들어왔을 때 '천주교학당'이니 '천주학'
이니 하는 말들이 생겼습니다. 모두 '천주학을 하는 천주학
쟁이'라 하여 천주교에 관한 정신 및 행위를 일컫는 표현들
이지요. 유학은 유교에 관한 철학과 행위를 말합니다. '동학
도' '동학쟁이'라는 명칭처럼 '학'은 '가치와 실천행위'로서
사유와 생활까지 규정했지요.

'학(學)'은 몸으로 익히고 실천하는 것을 포함합니다. 학
습(學習)은 배움(學)을 몸으로 익히고 행하는(習) 것입니다.
또한 공부(工夫)는 기술 연마를 뜻합니다. 영어로는 학습과
공부를 일컬어 'Work'라고 합니다. '행하다'에 중점을 둔 것

이지요. 중국에서 '쿵푸[功夫]'는 '연마, 수련하다'는 뜻으로 힘을 기르는 것을 의미합니다. '학'과 '공부'는 정신적 가치와 철학을 행위로 드러내는 것을 의미합니다.

상고부터 내려온 철학에서는 몸과 마음, 자연과 신체를 하나로 바라봅니다. 『황제내경』에 따르면 인간의 육체는 우주와 지구를 닮았으므로 몸을 다루는 것은 곧 우주의 기운을 다루는 것이며, 이는 또 자연의 일원으로서 몸을 통해 우주와 소통하는 것이라고 합니다. 몸을 잘 다스리는 것, 즉 과하지도 덜하지도 않게 몸 상태를 유지하는 것이 부모와 조상들에게 감사하는 것이라 했습니다.

현대교육은 다릅니다. 머리와 몸을 분리시켜 운동선수라는 전문 운동가 집단을 양성하고, 교육의 틀을 벗어나면 그 즉시 '놈팽이'라는 덫을 씌워 부정적 프레임 안에 가둡니다. 하지만 1960년대 군사정권 후 산업 자본주의가 몸의 착취를 담보로 한 노동을 통해 이루어졌고, 건강은 이 노동을 관리하는 부자들에게 독점되지요. 아이러니한 일입니다. 몸을 담보로 건강의 계급화가 진행된 셈입니다.

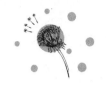

# 몸으로 터득하다

현대의 학습은 '아느냐? 모르느냐?'의 여부, 곧 결과에 집중합니다. 하지만 전통적 학습은 '터득'에 무게를 두었습니다. 몸에 익혀서 자연스럽게 하거나 누적을 통해 '아하!' 하며 터득하는 것을 의미 있다고 여겼습니다. 이것은 경험과 숙련을 통할 때에만 가능합니다. 반면 현대의 학습은 곧 '지식'의 습득입니다. 그것마저 생활과 유리된 지식으로서 지식과 삶, 지식과 생활이 별도로 작동하지요. 지식은 지식이고 생활은 생활이 된 지 오랩니다.

터득하고 깨닫는 것은 지식에 머물지 않고, 누적과 반복, 익힘과 탐구를 통해 그 원리를 스스로 깨쳐 깊은 통찰을 가능하게 해줍니다. 단편적인 지식과 달리 근본적인 이치와 원리를 터득하게 해주므로 통찰력이 향상되고, 삶이나 생활, 사유가 풍부해집니다. 몸과 터득이 사라진 교육과 생활은 세계관과 우주관이 통합에서 분리로, 자연에서 인간 중심으로, 소유 중심으로, 경쟁적으로, 분절적으로, 산업적으로 가치관이 변화한 것입니다.

# 우울증의 원인

청소년의 조울증, 조현병, 스트레스는 교육 방식에 원인이 있습니다. 몸은 양기충천한데 입시교육에 갇혔으니 '몸 따라 가는 마음'에 부적응 현상이 일어나는 거예요. 마음을 따르면 '호기심 천국'입니다. 호기심은 가보지 못한 길을 걷고 싶다는 용기이고 마구 뻗어나가는 상상력이죠.

　마음 따라 간 몸은 다양한 것들을 경험합니다. 두뇌와 몸의 유전적 기억 장치가 펼쳐져 두뇌의 용량을 최대로 발현시키고 몸도 건강한 상태로 유지합니다. 농사를 지을 때 퇴비로 범벅된 식물은 오히려 병충해에 약하고, 동물도 우리에서 사육된 것은 온갖 질병에 취약합니다. 구제역이나 조류 인플루엔자 바이러스에 쉽게 감염됩니다. 사람도 학교 교육과 부모의 간섭에 갇혀 자유를 박탈당한 채 살아가면 점점 나약해집니다. 또는 어렸을 때부터 '계획-목표-달성'으로 프로그래밍되어 계획대로 되지 않을 때 우울증이 생길 수 있지요.

자연은 야생성을 가질 때 가장 건강하게 생명을 펼칠 수 있습니다. 자연의 어떤 위험에도 적응하고 면역되는 과정은 사막에서도 살 수 있는 의지와 신체를 가질 확률을 높여줍니다. 부모는 자식이 심신을 따라 움직이도록 격려해야 합니다. 그것이 부모가 자식 걱정을 덜 할 수 있는 지름길입니다. 부모가 자식을 죽을 때까지 돌봐줄 수는 없잖아요?

# 인생의 변곡점
# 동(動)에서 정(靜)으로

양의 극점 하지(夏至)를 통과하면서 양은 감소하고 음의 극점으로 갑니다. 여름은 만물이 활짝 피는 양기의 최대치며 겨울은 만물이 지하로 내려가 동면합니다. 사람의 육신도 사십을 넘으면 몸이 삐거덕거립니다. 반면에 세상의 경험과 지혜가 생깁니다.

예전 우리 조상의 삶에서는 사십이면 시어머니는 며느리에게 곳간 열쇠를 넘겨주었고, 남자는 장인이 되었습니다. 수행처에서는 가문을 잇는 수장이 되었지요. 삼십 대까지 역동적인 경험을 얻어 사십이 되면 후대를 양성하는 선인이 됩니다. 사십 대에 이르면 자식은 장성하고 본인은 사회에서 변곡점을 맞습니다. 사십을 불혹이라 했지요. 오십이면 살아온 행태가 몸으로 나타납니다. 치아가 흔들리고, 머리카락은 희어지고 시력은 급격하게 떨어져 돋보기를 써야 합니다. 여성은 폐경을 맞고 남성은 전립선에 문제가 생깁니다. 생식기의 역할이 끝나는 거죠. 상처 회복력도 급감하고, 자꾸만 보약을 찾게 됩니다. 그러나 몸은 비록 쇠약해졌지만, 마음만은 살아 있습니다. 오십부터는 마음 따라 몸을 움직이면 사고가 생기므로 몸 따라 마음을 조절해야 합니다. 육순이 되면 육십갑자를 한 바퀴 돌아 노인으로 접어듭니다.

# 육십갑자 이후
# 죽음에 이르기까지

노인(老人)이란 노자(老子), 노농(老農)이라는 말처럼 늙은 사람, 지혜로운 사람을 말합니다. 육십 평생을 살면서 지혜를 터득했으니까요. 양기로 채우기만 했던 심신은 육십이 되어 심신을 저절로 비우게 됩니다. 자연의 이치에 순응해온 사람은 노자가 되지만, 심신에 순응하지 못하고 자기 중심으로 세상을 살아온 사람은 늙을수록 똥고집을 세우며 권력을 놓지 못하고 후세를 억압하는 집착의 화신이 됩니다.

육십이 되면 자신이 하던 일을 마무리하고 여여하게 인생을 갈무리하는 단계로 들어서야 합니다. 후세대가 잘할 수 있도록 옆에서 도와주는 것이 노인의 몫입니다. 열매를 맺고 씨앗을 날리고 누렇게 스러져 제몫을 다하고 생명을 마감하는 식물처럼 사람도 육십이 넘으면 분수(分數)를 지켜야 합니다. 나이 들어서도 양기 창창하다고 착각하면서 권력을 놓지 못하고 힘을 자랑하는 수장이 있는 조직은 저절로 망합니다. 헛된 마음으로 생명을 연장하는 것은 끝이 훤히 보이니까요. 12월 초, 11월의 활짝 핀 구절초 꽃은 어느덧 씨앗을 맺고 줄기는 말라 그 옆에 새 뿌리를 내린 잎이 자라고 있습니다.

# 죽음

음(陰)의 극점은 죽음입니다. 7개의 몸 구멍들이 터집니다. 마지막 들숨을 쉬고 날숨이 없으면 기혈은 끊어지며 몸의 구멍들로 분비물이 쏟아집니다.

나이가 들면 괄약근과 요도와 질이 느슨하게 돼 귀가 멀고 콧물이 자주 나오며, 입에 든 것을 잘 흘리게 됩니다. 긴장(tension)은 살아 있는 힘입니다. 죽으면 조이는 힘이 사라져 안에 있던 것들이 밖으로 나옵니다.

죽음으로 가는 길은 천천히 걸어야 합니다. 신체의 느슨함으로 가듯이 마음도 느슨하게 가야 합니다. 몸은 죽음으로 가는 길인데 마음은 여전히 팽팽하면 심신의 부조화로 질병이 생겨 죽음에 이르는 길이 고통스럽습니다.

죽음은 살 벗기로 갇힌 마음이 자유롭게 되겠지요. 살 벗기까지 '잘 죽는 것'은 '잘 사는 것'이겠지요. 행복한 죽음은 건강하게 잠자리에 들고 아침에 깨어나지 않는 것입니다. 병사는 주변인들에게도 물질적 정신적 고통을 주게 됩니다. 의료비라는 엄청난 부담은 젊어서 고생한 돈을 늙어서 병원비로 탕진하게 합니다. 사고사(事故死)는 현대 문명, 도시 사회의 부조리입니다. 저절로 죽음을 맞으려면 자연에 가장 가깝게 건강한 삶을 살아야 합니다. 도시에서 살면 사고의 확률을 높이고, 사고로 오랫동안 장애나 병환에 잡혀 있으면 자신과 주변의 고통을 야기하는 결과를 낳기 때문입니다.

# 몸이 중요한 이유

살 입기, 몸의 중요성은 생명의 거대한 유전자의 보고가 몸을 통해 세상과 접하고 체현되기 때문입니다. 어떤 생명이든 몸, 물질을 통해 존재하며 현현합니다. 몸은 생명의 양태이므로 양육과 교육은 몸에 따라야 합니다. 농사를 잘 지으려면 식물에 따라 재배방식을 달리해야 합니다. 식물의 성질을 잘 알고 식물에 맞게 농사를 지어야 하는 것이지요. 사람도 그러합니다.

몸을 잘 알면 자연의 통찰력을 갖게 됩니다. 통찰력이 생기면 몸을 잘 알게 됩니다. 소우주를 통해 우주를 봅니다. 몸을 통하지 않고서는 정신을 가질 수 없는 것처럼 몸을 잘 다스리는 것은 소우주를 통해 세상과 우주의 지혜를 갖는 일입니다.

그러나 배우고 익히는 것을 몸으로 체득하지 않으면 한낱 쓸모없는 지식이 될 뿐입니다. 몸을 공부하고 수행하는 것, 생명의 시작부터 죽음에 이르기까지 떼어낼 수 없는 배움의 근본이며 과정이고 목적입니다. 몸을 벗어나면 씨앗의 거대한 기억 장치도 발현할 수 있는 것이 없으니 생명은 곧 몸을 입는 것이며, 죽음은 몸의 해체입니다.

여성의 몸에서 정자가 난자를 만나 생명이 시작되는 순간부터 몸을 형성하는 과정은 35억만 년의 생명 역사의 기억을 저장하고, 세상으로 나오는 탄생부터 35억만 년의 기억들을 펼치는 일입니다. 기억은 몸을 통해 발현되고 몸이 죽는 순간 35억만 년의 기억은 우주로 흩어져 사라집니다. 따라서 현대과학에서 '인간은 자신의 뇌를 10퍼센트밖에 사용하지 못한다'고 말하는 것은 인간이 몸을 제대로 다루지 못해서 그 기능을 10퍼센트만 발현한다는 뜻입니다. 몸을 잘 수행하면 뇌를 100퍼센트 가깝게 끌어올릴 수 있다는 결론이지요.

# 윤회와 환생

윤회는 생과 사의 철학입니다. 살 입고 살 벗기 과정은 우주와 소우주의 순환관계로 상상합니다. 혼과 백의 관계처럼 지구상의 물질은 동일한 원소로 이루어졌습니다. 산소, 탄소, 질소, 수소를 비롯한 원소로 구성된 동일한 생명체입니다. 흙, 나무, 하늘, 사람, 사람과 동일한 원소로 이루어진 화합물들.

　사람이 죽으면 혼(魂)은 떠나고 백(魄)은 흩어진다고 합니다. 백은 몸을 이룬 기가 흩어지고, 혼은 어디로 가는 걸까요? 살 입는 과정을 보면 수정되기 전 생명의 기억 장치가 생기기 전으로 돌아갑니다. 우주 어디론가 가는 것이 아닐까요? 떠도는 우주의 혼이 지구라는 생명체 안으로 들어오는 순환과정이 아닐까요? 전생의 기시감(데자뷰) 현상은 사람으로 태어나 죽고, 다시 생명으로 태어난 역사의 기억들이 나타나는 것 아닐까요?

명상의 극치에 달하면 공간은 사라지고 역사의 기억들로 자유롭게 이동한다고 합니다. 〈루시〉라는 영화를 보면 주인공이 공간을 벗어나 자유롭게 수만 년, 수천 년을 앞서 갑니다. 우리는 3차원 세계에 존재하기에 미친 사람이나 상상력이 뛰어난 사람이나 범상치 못한 사람을 시공을 초월한 '사차원 인간'이라고 말합니다. 소우주는 몸을 입게 된 것이고 몸을 벗어나면 우주로 날아갑니다. 우주는 인간이 몸을 벗어나 머무는 곳이라는 생각이 듭니다. 우주과학자가 생각하면 미친 생각이라고 여길지 모르겠지만요.

불교에서 말하는 환생은 현세의 삶에 따라 다음 생이 결정되는 '업'을 말합니다. 부탄과 티베트는 행복지수가 가장 높은 곳인데 이곳 사람들은 불교적인 우주관을 갖고 있습니다. 샤머니즘에서는 이승에 한(恨)이 맺히면 저승으로 가지 못하고 떠돌아다니는 귀신이 된다고 하죠. 그러면 무당을 통해 한을 달래고 풀어주어 저승으로 가도록 인도합니다. 이렇듯 사후의 세계는 온통 베일에 가려져 있지만 삶과 연결된 현재를 보다 충실하게 살아가도록 우리를 인도해 줍니다.

# '묻지 마 살해'는
# 왜 일어날까?

분노의 대상이 분명히 있는데도 대상을 대적할 수 없거나 분노를 표출할 수 없을 때 분노는 왜곡되기 마련이고, 흔히 자신보다 연약한 대상을 찾아 표출하거나 안으로 응어리져 우울증으로 나타납니다. 짐승도 그래요. 자기보다 약한 자를 공격 대상으로 삼습니다. 분노를 일으키는 대상을 정면으로 마주하지 못할 때, 특히 억압된 사회에서, 이런 현상들이 자주 벌어집니다.

겉으로 풍요롭지만 내적으로는 획일적이고 배타적인 사회가 지속되면 사람들은 자신의 속마음을 표현할 방법을 찾지 못해 문제를 일으키게 됩니다. 그러나 구성원 대개가 평안하고 개인이 존중받는 사회에서는 이런 문제들이 거의 발생하지 않습니다.

식물 재배에서도 비슷한 현상이 나타납니다. 규모가 큰 농사는 집단의 공격에 취약하고, 규모가 작아 사람의 손끝이 식물 한 포기까지 미치는 농사에서는 집단적 바이러스나 병해에 잘 걸리지 않습니다. 존중받고 있다는 느낌을 받는 생명체들은 분노와 공격적인 행동을 잘 보이지 않기 때문입니다.

# 개인이 존중받는 사회

인공지능 사회, 입력된 정보를 분석해서 사람의 역할을 해내는 사회는 어떤 모습일지 상상해봅니다. 개인이 존중받는 사회는 소규모 부족이나 유목 사회였습니다. 규모가 커질수록 개인은 묻히게 마련입니다. 식물의 세계에서도 개체들이 존중받으려면 소규모 농사여야 합니다.

적을수록 소중히 다루고 적을수록 아껴먹습니다. '많을수록 좋은' 사회는 많을수록 더 많이 원하게 되어 끊임없이 욕심을 자극하고 결국 분란을 일으킵니다. 사회도 순환됩니다. 인공지능 사회라 할지라도 혐오스럽고 만족스럽지 못한 문명을 멀리하다 보면 나름대로 어떤 좋은 기준점이 서게 되지 않을까요?

이제 디지털과 아날로그 사회의 공존은 당연한 이슈가 되었습니다. 아날로그를 좋아하는 사람은 그들만의 리그를 소규모로 만들어갑니다. '우리만의 리그'를 즐기며 살아가게 됩니다. 그러나 100퍼센트 아날로그 사회를 주장하며 살아갈 수는 없습니다. 이미 이 세상의 절반 이상이 디지털화되었잖아요.

디지털 사회가 세상을 지배하더라도 결국 디지털 사회와 아날로그 사회 교집합은 생깁니다. 아날로그 사회가 존중받는 사회는 소소한 것에 행복감을 느끼고 작은 것을 소중하게 여깁니다. 농사가 고생스러워도 즐겁기에 그들은 여기서 얻는 자유를 쉽게 포기하지 않습니다. 이런 즐거움은 100퍼센트 디지털 사회에서는 언감생심(焉敢生心)이지요.

다양한 관심은 다양한 무리를 만듭니다. 다양성이 보장되고 다양성이 인정되는 사회. 하나의 씨앗이 수많은 씨앗이 되고, 씨앗이 수많은 공간으로 이동해 살아가듯이 수없이 쪼개지고 만들어져 수없이 많은 소우주가 살아가는 우주 공간을 만듭니다. 이처럼 개인이 존중받는 사회, 존중받는 개인이 자기 복제를 통해 우주를 만들어내는 사회가 이 상형의 사회 아닐까요? 개인은 우주 공간을 이루는 별이고, 개인이 없는 사회가 없듯이 말입니다.

한 알의 씨앗은 수억만 개로 수억만 년의 기억을 담은 유전자로 복제되어 세상에 뚫고 나와 '자기만의 모습'으로 살아갑니다. 수억만 개 나와 똑같아도 지금 여기, 내 땅 위에 있는 '나'는 세상에서 유일한 '나'입니다. 내가 살고 있는 공기와 흙은 다르기 때문입니다.

씨앗의 눈으로 보고
씨앗의 말을 듣고
씨앗의 향을 맡고
씨앗의 삶을 사는

**씨앗철학**